HEYNE TIERKREIS-BÜCHER

Widder 21.3.–20.4.

Stier 21.4.–20.5.

Löwe 23.7.–22.8.

Jungfrau 23.8.–22.9.

Schütze 22.11.–20.12.

Steinbock 21.12.–19.1.

Zwillinge 21.5.–21.6.

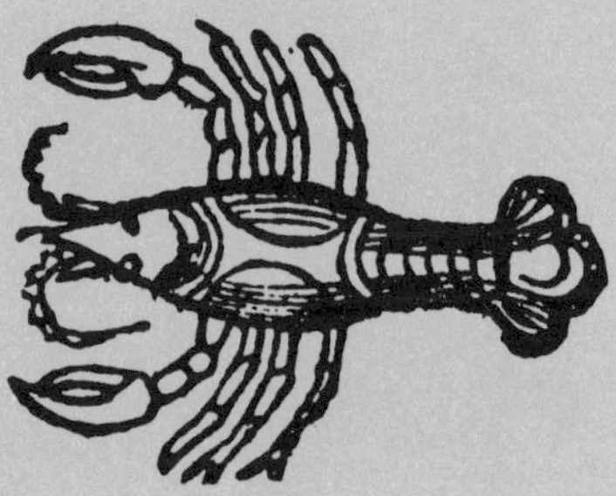

Krebs 22.6.–22.7.

Waage 23.9.–22.10.

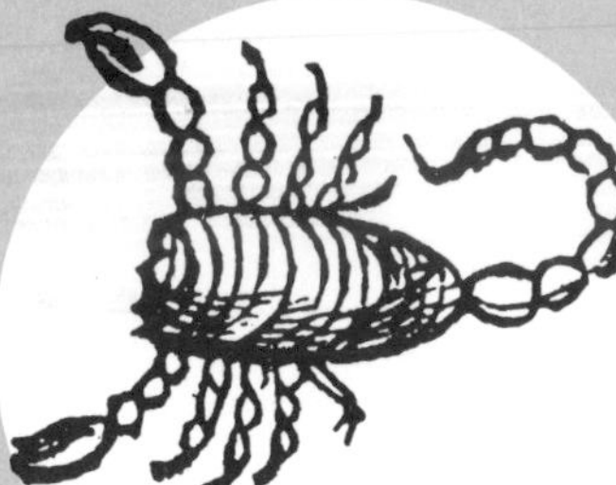

Skorpion 23.10.–21.11.

Wassermann 20.1.–18.2.

Fische 19.2.–20.3.

Der sogenannte Tierkreis von Dendera, altägyptisches Tierkreis-Rundgemälde im Detail

HEYNE TIERKREIS-BÜCHER

SKORPION

24. OKTOBER BIS 22. NOVEMBER

WOLFGANG DÖBEREINER

Wilhelm Heyne Verlag
München

14. Auflage
1. Auflage dieser Ausgabe. Dieser Band ist bisher erschienen unter der Nr. 14/11
Bildredaktion: Günter Pössiger

Bildnachweis: Bayerische Staatsbibliothek, München (7 Photos), Bilderdienst Süddeutscher Verlag, München (10 Photos), Kestner Museum (Astrolab), Hannover (3 Photos), Staatliches Museum für Völkerkunde, München (1 Photo)
Anekdoten entnommen aus dem »Witze-, Fabeln-, Anekdoten-Handbuch«, erschienen im Verlag Moderne Industrie, München
Printed in Germany 1990
Umschlaggestaltung: Atelier Adolf Bachmann, Reischach
Umschlagillustration: Christine Wilhelm, München
Gesamtherstellung: Friedrich Pustet, Regensburg
ISBN: 3-453-04739-7

Die nördliche Himmelskugel, Holzschnitt von Albrecht Dürer

Inhaltsverzeichnis

Vorwort 11
Einführung in das Tierkreiszeichen Skorpion 17
Das Skorpion-Bild 21
Baumformen und Büsche des Skorpions 23
Die freie Assoziation des Skorpions 23
Skorpion-Analogie 24
Skorpion-Prinzip 26
Die Verhaltensgrundlagen 26
Das Modell 31
Der destillierte Geist 40
Konsequenz als Beruf 45

Der Skorpion und die Liebe 50
Der Skorpion-Mann 50
Die Skorpion-Frau 52

Anekdoten über berühmte Skorpione 53

Der Skorpion und die anderen 56
Skorpion und Widder 57
Skorpion und Stier 58
Skorpion und Zwillinge 59
Skorpion und Krebs 60
Skorpion und Löwe 62
Skorpion und Jungfrau 64
Skorpion und Waage 65
Skorpion und Skorpion 65
Skorpion und Schütze 67
Skorpion und Steinbock 67
Skorpion und Wassermann 70
Skorpion und Fische 73

Der Skorpion in den zwölf Häusern 75

Wie errechne ich mein Aszendentenzeichen? 105

TRASKIA
CORVS
FAVONIVS
AFRICVS
LIBONOTVS
EVROPA
AFRICA
Libya interior
Syria
Arabia felix
Mare rubrum
Caspi
Galatia
Cappadocia
Cilicia
Armenia maior
Babylonia
Pontus euxinus
Mare mediterraneum
Circulus
Aethiopia interior
Sinus Arabicus
Sinus barbaricus
Cyrenes

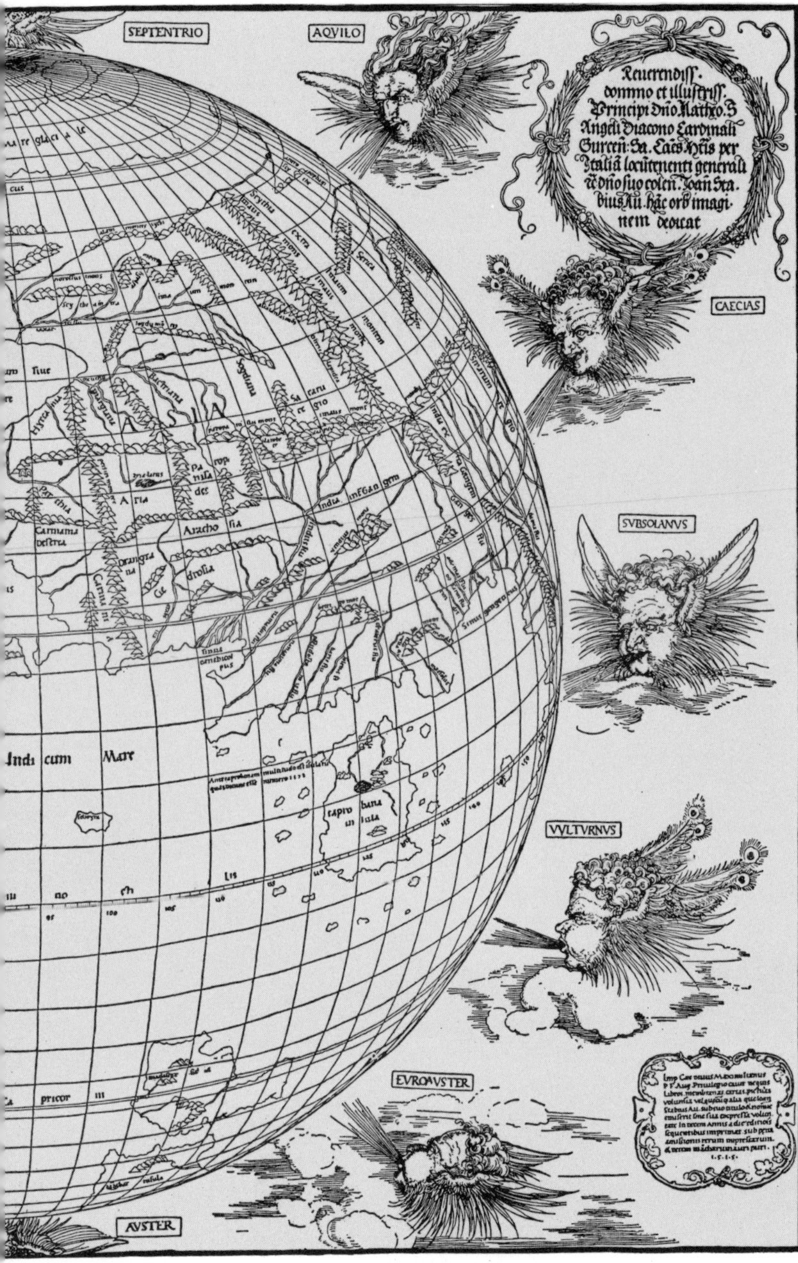

SEPTENTRIO
AQVILO
Reuerendiss. domino et illustriss. Principi Dño Mattheo S. Angeli Diacono Cardinali Gurcen: Sa. Caes. Mtis per Italiã locũtenenti generali ac dño suo colen. Joan Stabius Au. hãc orb imaginem dedicat
CAECIAS
ASIA
SVBSOLANVS
Indicum Mare
VVLTVRNVS
EVROAVSTER
AVSTER

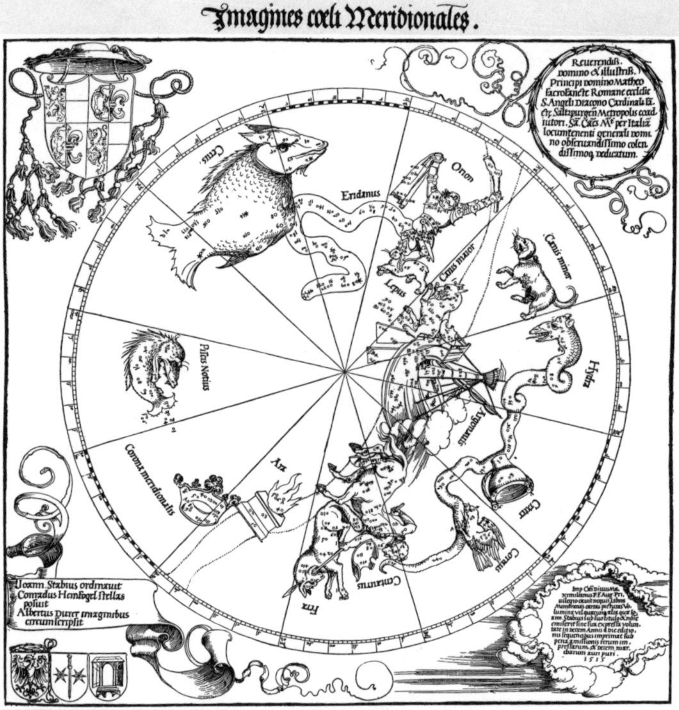

Die südliche Himmelskugel, Holzschnitt von Albrecht Dürer

◀ *Weltkarte mit Himmelskräften, westliche und östliche Hälfte im Detail, Holzschnitt von Albrecht Dürer*

Vorwort

Der Unterhaltungswert der Astrologie ist unbestritten. Damit sich der Umgang mit Astrologie jedoch nicht nur auf Unterhaltung beschränkt, wird hier gleichzeitig versucht, einen Einblick in die Astrologie zu vermitteln und Hinweise auf typische Verhaltensweisen zu geben. Man kann sich selbst auf diese Weise besser verstehen und die Eigenarten der Mitmenschen begreifen lernen. Das ist nicht nur eine wichtige Voraussetzung für echte Toleranz, sondern aktiviert auch die allgemeine Persönlichkeitsbildung.

Die Grundlage für die Methodik und Aussage des vorliegenden Buches bildet die »Münchner Rhythmenlehre«, die grundsätzlich zwischen Anlage und Verhalten unterscheidet. Und zwar kennzeichnet die Geburts*stunde* die Anlagen. Darunter sind die Triebe und Talente zu verstehen, die als Möglichkeiten vorhanden, aber nur teilweise genutzt sind. Diesen Tierkreisort, den die Geburtsstunde anzeigt, nennt man Aszendent. Dagegen kennzeichnet der Geburts*tag* das Verhalten, also die Art und Weise der individuellen Lebensführung und Lebensauffassung. Dieses Verhalten hat die Aufgabe, möglichst alles, was an Anlagen und Trieben vorhanden ist, lebendig werden zu lassen und zur Wirkung zu bringen. Es ist der Stand der Sonne am Geburtstag, der sich in den Verhaltensweisen zeigt und auswirkt.

Also:
Geburtsstunde (Aszendent) = Anlagen
Geburtstag (Sonne) = Verhaltensweisen

Vielleicht haben Sie es schon gemerkt, daß es falsch ist, zu sagen, »ich bin ein Skorpion«, wenn man zwischen dem 23. 10. und dem 21. 11. geboren ist. Es muß richtiger heißen: »Ich lebe wie ein Skorpion, ich verhalte mich wie ein Skorpion.« Was man wirklich ist, zeigt sich durch die Geburtsstunde am Aszendenten. Hat man hier etwa das Zeichen Löwe, so hat man eine Löwe-Anlage, die man auf die Art des Skorpions auslebt. Diese wesentliche Unterscheidung zeigt, daß wir hier nur über die Verhaltensweisen des Skorpions und nicht über die Anlagen sprechen.

Wenn wir hier ›nur‹ von den Verhaltensweisen sprechen, so ist

Unterricht in der Sternkunst, Holzschnitt aus dem Augsburger »Lucidarius« von 1479

das selbstverständlich eine Untertreibung, denn dem Verhalten kommt eine große Bedeutung zu. Das Verhalten hat die Vermittler- bzw. Aussteuerungsrolle zwischen dem Ich in der Anlage und der äußeren Erlebniswelt zu übernehmen. Es soll die innere Anlage zum äußeren Ereignis werden lassen, die Talente wecken und in der Außenwelt zur Entfaltung bringen. Da nach Ansicht der Astrologie die ganze Welt über die gleichen Struktur-Bausteine verfügt, die nur jeweils anders zusammengesetzt sind, heißt das mit anderen Worten: Das Verhalten soll das innere ABC mit dem entsprechenden äußeren ABC verbinden.

Gelingt dem Verhalten diese Aufgabe vollständig, so hat es die schlummernde Anlage erlöst. Dieser Vorgang ist mit dem Mythos des Märchens vergleichbar. Im Märchen ist man in eine bestimmte Erleidens- oder Erlebensform hineinverzaubert oder verwunschen – etwa als Zwerg Nase. Das symbolisiert die Anlagen mit dem Trieb zur Verwirklichung oder Erlösung. Und dann muß man diese oder jene (bisweilen unangenehme) Aufgabe erfüllen, um erlöst zu werden. Das symbolisiert den Verhaltensweg. Am Schluß ist man jedenfalls von der Verzauberung befreit

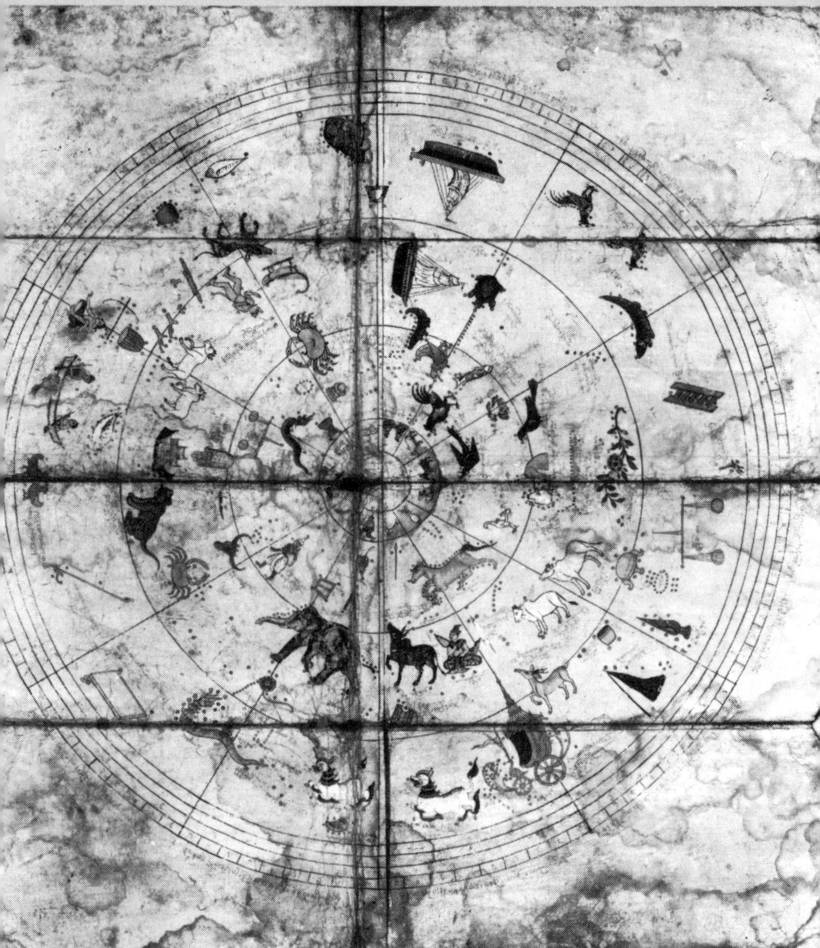

Altburmesische Tierkreisdarstellung

und lebt das, was man wirklich ist. Der ›häßliche‹ Frosch wird zum ›schönen‹ Prinzen.

Das Hauptproblem besteht darin, daß die bewußten Verhaltensweisen vielfach nicht der Anlage entsprechen. Ist beispielsweise das Verhalten übervorsichtig, ängstlich oder egoistisch und hauptsächlich auf Sicherheit oder Prestige bedacht, dann bleibt ein Teil der Anlagen unerlöst. Auch wenn das bewußte Verhalten zu starr geworden ist und die Vernunft jede Lebendigkeit blokkiert, ist das Problem der Rückstände gegeben. Der Prinz oder die Prinzessin ist dann nur halb erlöst. Astrologisch zeigen sich diese Vorgänge viel detaillierter, nämlich bezogen auf die individuellen

Hebräische Tierkreisdarstellung

Anlagen (Aszendent) im jeweiligen Verhältnis zu den Verhaltensweisen (Sonnenstand-Geburtstag). Aber bleiben wir einmal bei einem allgemeinen Beispiel, bei einer Verhaltenssperre aus ängstlichem Sicherheitsbedürfnis. Hier kommen die Anlagen Verausgabung, Risiko, die ja zu jedem vollständigen Anlagebild gehören, ohne Zweifel zu kurz. Diese Anlagen, nennen wir sie einmal ›A‹, bleiben unverwirklicht. Nun hat ›A‹ einen Zeitplan, nach dem es sich wie im Märchen verwirklichen möchte. Nach diesem Zeitplan wird der Drang von ›A‹ immer stärker. Nachdem aber die bewußte Steuerung, das regulierende bewußte Verhalten, hier versagt, wendet sich ›A‹ an die zweite regulierende Instanz, an das Unterbewußtsein.

Neptun wird geholt. Er soll die bewußte Verhaltenslinie aufweichen, porös machen. Die ersten Symptome dieses Stadiums sind: nachlassendes Gedächtnis, Konzentrationsmangel, unerklärliche Unausgewogenheit der Gefühlslage. Das sind deutliche Anzeichen dafür, daß im persönlichen Haushalt etwas nicht stimmt, daß man sich ausgären lassen und besinnen soll.

Wenn das nichts hilft, dann wendet das Unterbewußtsein stärkere Mittel an. Es drängt die Person durch einen unterbewußten Ereignis-Wunsch in ein ›A‹ entsprechendes äußeres Ereignis, das geeignet ist, das bewußte Verhalten von außen aufzubrechen und in Frage zu stellen. Dabei sucht sich die Person instinktiv den richtigen Weg, Ort und Zeitpunkt. Manche fahren 500 Kilometer Umweg, um sich ihr Ereignis, ihre Krise zu holen.

Deshalb ist jedes tiefergreifende Ereignis, jede Krise immer ein Hinweis, der zum Nachdenken und zu Korrekturen anregen soll. Das Schicksal ist nie zufällig oder böse, sondern immer das Ergebnis des individuellen Verhältnisses zwischen Anlagen und Verhaltensweisen.

Man kann sich vieles ersparen, erstens 500 Kilometer Umweg, zweitens Infragestellungen von außen, die ja meist schmerzlich empfunden werden, wenn man sich mit seinen Anlagen und Verhaltensweisen beschäftigt und auch das Verhalten anderer mit dieser Grundeinstellung beurteilt.

Dieses Tierkreisbuch versucht, in anregend unterhaltsamer Form zuverlässig darzustellen, wie der Skorpion lebt.

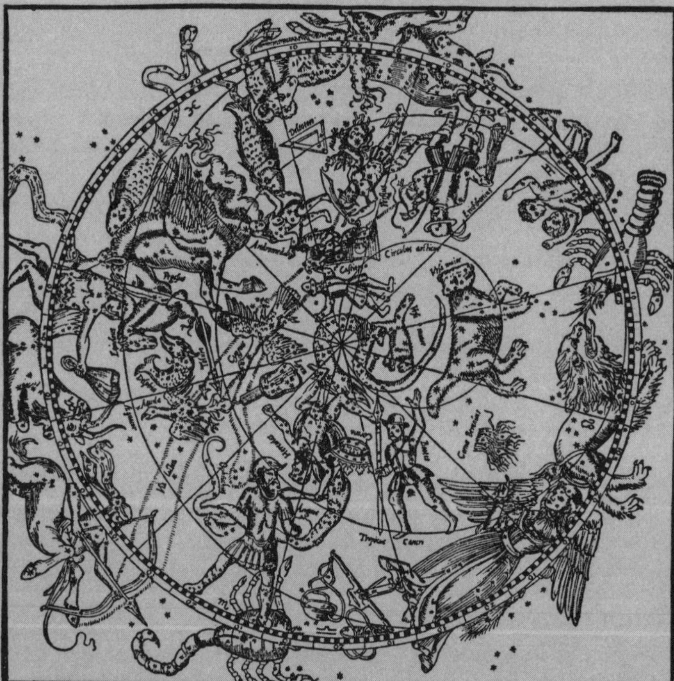

Sternbildkarte von Adam Gefugius 1565

Einführung in das Tierkreiszeichen Skorpion

Der Skorpion, karolingische Tierkreiszeichendarstellung

Der Tierkreis ist wie eine Geschichte, die lange zurückliegt und doch immer gegenwärtig ist. In ihm liegen die vergessenen Erfahrungen, die angeborenen Verdienste vieler Generationen seit Vorzeiten. Seine einzelnen Zeichen sind Speicher und Gefäß für Urrudimente, für Urerfahrungen. Sie sind sinnvoll geordnet, so als sollte der Werdegang in einer symbolischen Reihung für alle Zeiten festgehalten werden. Der Tierkreis ist wie eine einmal gewonnene Ordnung, die sich in den Raum entwickelt hat. Er ist die Struktur, die Kompositionsform, nach der sich Leben entwickelt, die sich wie mit Leben auffüllt, Maße gebend und setzend, sinnvoll steuernd, die Möglichkeit zur Vollendung in jeden Anfang setzend.

So symbolisieren die zwölf Tierkreiszeichen letztlich eine jede Entwicklung, sei es das Wachstum eines Baumes, die seelische Entfaltung eines Menschen oder der Kreislauf der Natur. Sie verkörpern in ihrer Gesamtheit die Evolution des Lebens ebenso wie den Ausdruck einer Gebärde, die Erfahrungen einer Pflanze.

Im Tierkreis ist jedes Zeichen die notwendige Folge des vorangegangenen. Ganz ähnlich wie auch in der Natur die Reihenfolge einzelner Entwicklungsstadien festgelegt ist, folgt auch im Tierkreis ein Zeichen dem anderen, löst es ab, bis der vollständige Kreis in seiner Geschlossenheit eine analoge Harmonie des Lebenskreises darstellt.

Das Skorpion-Sigel

Es ist ein Aneinanderfügen einzelner Wesensbestandteile, von denen zwar ein jedes alle vorhergehenden beherbergt, sie jedoch selbst nicht mehr ausdrückt.

Der Tierkreis beginnt mit dem Zeichen Widder. Es symbolisiert das Stadium eines jeden Beginns, die Geburt eines Menschen, die Schöpfung des Lebens, ja selbst den Anfang eines einfachen Vorgangs. Es ist der geschichtslose Beginn einer Wirklichkeit mit seinem ersten Prinzip der Energie und Durchsetzung.

Das Feuerzeichen Widder symbolisiert das Energiepotential, das gerade abgemessen ist, eigenen, zuständigen Raum einzunehmen, zu halten, Ort zu sein und ihn real durchzusetzen. Das Symbol Widder ist das Eindringen in Zeit und Raum. In ihm wird eine Möglichkeit in den Raum, in die Realität geworfen, wird zum individuellen Ort.

Im Raum gefangen, ist er den Bewegungen der Zeit ausgeliefert. Die Mechanismen der Urbilder beginnen zu laufen. Der Plan läuft an. Er zeigt sich in dem Drang, sich im Raum als

Die Sternenheerführer, altchinesische Darstellung

Einzelheit zu begreifen, sich auszudrücken, sich zu erhalten und zu verewigen – den Weg in die Individualität zu vollenden, den Weg in die Mitte des Tierkreises, in die Mitte seiner Bewegung.

Um nun das Einzelne in seinem Selbstverständnis, in der Mitte und Zentrale seiner Bewegung zu halten, bedarf es der Waagschale, die die Gewichte der Gegenbewegung vermehrt oder abzieht, um das stetige Gleichgewicht zu ermöglichen. Wie jede Bewegung durch eine Gegenbewegung ihr Gleichgewicht erhält, so setzt der Tierkreis der Bewegung in das Individuum eine Bewegung zur Aufhebung des Individuums entgegen. Die Mitte des Tierkreises, die Waage, ist der Drehpunkt dieser Entwicklung, die Rückseite des Widders. Denn dort, wo die Durchsetzung am stärksten ist, muß der Ausgleich am notwendigsten sein.

Die Waage gleicht das Einzelne, seine Dualität aus. Ihr Energiepotential liegt nicht im individuellen Handeln, sondern im Aufgreifen von Denkräumen, dem Leben anderer, das sich im Denken vorstellt. So beginnt der Tierkreis in der Waage seinen zweiten Weg, die Gegenläufigkeit, die Umkehrung, den Kontrapunkt. In ihr polt sich der Tierkreis um. Und wenn in ihr die Bewegung in die Dämmerung des Ego beginnt,so taucht in den nachfolgenden Stationen des Tierkreises das Ego in die Nacht seiner Bedingtheit, in die Aufhebung seines Eigengewichtes.

In der Waage liegt der erste Schritt, der über die Sicherung und Erhaltung des Individuums hinaus getan wird. In ihr speichern sich die Anlagen, die einer ersten Bewegung in die Erhaltung der Art entsprechen. Sie zeigt das Symbol der Gewaltlosigkeit der Individuen gegeneinander. Sie ist die Beißhemmung innerhalb der Gattung. Sie ist das Reservoir der Anlagen, welche

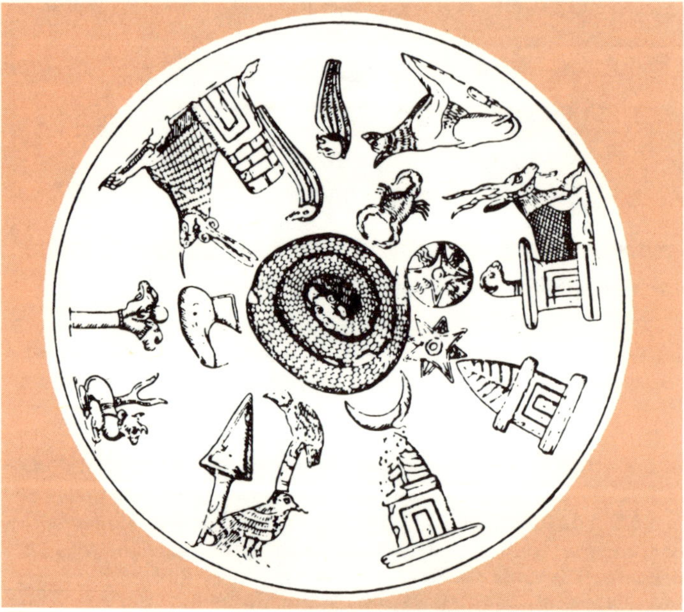

Grenzstein aus der Zeit Mardukpaliddius I. (1189–1176 v. Chr.) mit Tierkreis- und Planetenbildern

zwischen der Gattung ausgleichen und harmonisieren wollen. Im nachfolgenden Zeichen Skorpion wird dann der artgemäße Harmoniedrang der Waage koordiniert, konzipiert und zu einem verbindlichen Leitbild formuliert.

Der Skorpion symbolisiert das Leitbild, nach dem sich jedes Leben entwickelt. Es ist das Leitbild, in dem sich die jeweilige Art, innerhalb der sie lebt, findet; auch das Prinzip, nach dem sich jeder Organismus, jede Form konstituiert. Der Skorpion speichert das Muster, in dessen Entwurf sich das Individuum nachzeichnet, das Muster, nach dem sich das Wachstum einer Pflanze, eines jeden Organismus vollzieht. Jede Abweichung ist ein Fehler im Muster, darum ein Fehler im Skorpion. Der Skorpion sorgt für die Konzeption im einzelnen wie in der Gesamtheit. Er ist das Urmuster, die eingeborene Konzeption des Organismus oder einer Gattung. Der Skorpion sorgt im Tierkreis dafür, daß das arteigene Modell eingehalten wird. Er ist der Kristallisationsprozeß im Leben. Und das Leben hat sich nach ihm zu vollziehen und in dem Bild zu vollenden, das in ihm verankert liegt. Er ist die Abstraktion des Lebens, seine Strukturierung.

Der Skorpion gehört im Tierkreis zur Gruppe der Wasserzeichen. Er ist die Öffnung in die Milchstraßen des Geistes, in die Phasen der Erneuerung und Reinigung, in das geistig Schöpferische. Wenn also die Tierkreisentwicklung in der Phase des Skorpions steht, dann wird individuelles Sein strukturiert und von Abweichungen gereinigt. Was dem artgemäßen Muster zuwiderläuft, wird ausgesondert. Was der Notwendigkeit, die jenseits des Individuums liegt, nicht gerecht wird, was der geistigen Ordnung aller Dinge, dem Prinzip nicht dient, muß im Sinne des Skorpions überwunden, eliminiert werden. Der Skorpion ist das Symbol der geistigen Ordnung, die sich der Erde, dem Leben vermählt und gegeben hat. Es ist das Prinzip des Luzifer, des Lichtbringers, der herabgestiegen ist und dadurch sündig wurde.

Das Skorpion-Bild

Der gesamte Bildraum, einschließlich der Objekte, ist von gleicher Farbe oder zumindest Farbtönung überzogen, so daß die Objekte nur in ihrer Kontur aus dem Unbestimmten, dem Ungreifbaren gleicher Farbe herauswachsen, so, als ob die Objekte in ihrer Kontur zwar schon sichtbar, aber noch nicht herausgeboren seien. In der Gegenrichtung der oberen Bewegung gegen den Tierkreis werden hier die Gestalten und Schicksalsformen vorbereitet, zeigen sie sich schon in ihren Formen, ehe sie dann in der Waage aus den Fluten steigen. Das ist Hephaistos, der Götterschmied, der selbst von den Wassergöttern aufgezogen wurde.

Deshalb ist die Farbe unstofflich, auf die Spitze getrieben im Pointilismus, der fast ausschließlich im Skorpion und Schützen erscheint, desgleichen unstofflich sind die Figuren und Objekte, wie Hüllen, die als Schicksalsgewänder des Lebens noch nicht aus den Wassern des Unbewußten aufgetaucht und noch nicht mit Leben erfüllt sind. Die Konturen sind knapp und umschließend, desgleichen ist die Bildgestaltung angelegt, umschließend, so, als ob das Entstehen der Form zu schützen sei.

Die Form und ihre Perfektion sind Ausgangspunkt, so daß das Abweichen vom Leben, mit Ironie bedacht wird, als Ohnmacht der Vorstellung gegen die Wirklichkeit.

Liebespaar, Lithographie von Pablo Picasso

Baumformen und Büsche des Skorpions

Malt ein Skorpion-Geborener einen Baum oder Busch, dann sind die Formen meistens blattlos. Sie sind nach oben breit gefächert, und relativ häufig kommen unregelmäßig verlaufende Wurzelbildungen oder aber Standorte am Hang bzw. auf Felsen vor.

Die freie Assoziation des Skorpions

Die Aufforderung: »Nennen Sie mir schnell und spontan 5 Dinge«, beantwortet der Skorpion in etwa so, wie es die nachstehende typische Reihenfolge zeigt.

1. Eifer
2. Fahne
3. Idee
4. . . . .
5. . . . .

Symptomatisch ist die Hemmung in der Spontaneität, die sich auch darin ausdrückt, daß den Befragten nach dem dritten Begriff keine weiteren Begriffe mehr einfallen. Ein Skorpion mit dem Selbstverständnis im Denkmodell kennt die freie Assoziation weniger als die gebundene. Das zeigt sich auch in der Reihung der Begriffe. Von Eifer über Fahne zu Idee ist es ein geradliniger Weg.

Die Begriffe liegen nicht, wie bei der Jungfrau, im engeren Umkreis, zeigen auch nicht die Völle eines Lebenshungers wie beim Löwen, bei dem Begriffe wie Sonne und Hunger überwiegen. Vielmehr orientiert sich die Reihe des Skorpions auf außerhalb des Subjektiven liegende Bereiche, wobei man möglicherweise mit Eifer zur Fahne steht.

Skorpion-Analogie

Kristallisation

TÜRKIS — 8 — DAS LEITBILD

a) die Idee
die Geistigkeit
die Struktur
das Modell
das Gesetz

b) die Reinigung
die Klarheit
die Durchsichtigkeit
die Reinheit
die Destillation
der Alkohol

c) das Gleichnis
die Parabel
die Magie

d) das Konzept
das Prinzip
das Leitbild
die Vorstellung

e) das Unendliche
das Dauernde
das Währende
das Unveränderliche

f) die Festigkeit
der Quarz
der Granit
der Kristall

g) die Überwindung
das Zwanghafte
die Besessenheit
der Fanatismus
der Eifer

h) das Opfer
das Ritual
der Kult
die Verpflichtung
die Bindung
die Treue

i) die Gene
die Erbanlagen
die Chromosomen

j) die Erneuerung
die Regeneration

k) die Überlegenheit
der Sog
die Macht

l) die Homöopathie
die Apotheke
die Spagyrik

m) der Medizinmann
der Priester
der Magier

n) die Schlangen
die Spinnen

o) der Ahorn
der Dornbusch
die Schlehe

p) die Spasmen
die Krämpfe
die Epilepsie

q) die Weisheitszähne
die Kieferhöhle

r) homöopathische
Zuordnung:
Belladonna

Skorpion-Prinzip: die Struktur

Das Prinzip des Skorpions ist die Struktur.

Im vorhergehenden Prinzip der Waage verlagerte sich, als Ausgleich zum ihr gegenüberliegenden Widder, die Energie in das Denken. Im Skorpion wird nun die fleischliche Ordnung des ihm gegenüberliegenden Stiers durch das Prinzip einer geistigen Ordnung ausgeglichen und gehalten.

Der Skorpion zeigt das Modell alles Lebendigen. In ihm liegt das Modell einer Gesamtheit ebenso wie das Modell eines Individuums, das es mit Leben nachzeichnet.

Das dem Skorpion entspringende Verhalten zeigt dementsprechend einen Modell-Charakter, es vollzieht sich nach Denkmodellen, Vorstellungen oder Leitbildern. Das Leben wird abstrahiert und in Denkmodellen vorausgelebt bzw. vorgestellt. Deshalb ist für den Skorpion das Leben gleichnishaft.

Schon Skorpion-Kinder zeigen Vorliebe für das Gleichnis, die Parabel. Sie erfassen außerdem alle Arten von Modellen sehr viel schneller als andere Zeichen. Einsicht und Lenkung gehen beim Skorpion-Kind nur über das Denken, durch dargebotene, modellartig abgeschlossene bzw. fertige Begründungsbilder.

Die Verhaltensgrundlagen

Jeder trägt die gesamte Tierkreisordnung, wenn auch mit verschiedenen Schwerpunkten, in sich. Immer dann, wenn es um die Leitbilder des Lebens, um die Überwindung des Individuellen zugunsten eines Prinzips geht oder um das Eintreten für Notwendigkeiten einer übergeordneten Gemeinschaft, ist es der Skorpion-Anteil, der in jedem Einzelnen angesprochen wird. Dazu gehören Verpflichtungstreue, Opferbereitschaft für Vorstellungen und Bindungsfähigkeit.

Wer seinen Geburtstag, das heißt seinen Sonnenort im Skorpion hat, der bezieht aus diesem Tierkreisabschnitt die gesamten

Titelbild einer Kometenschrift von Nikolaus Pruckner 1532

Themen seines Verhaltens. Er hat also die Verhaltensmechanismen aus dem Reservoir, das das Leben nach Leitbildern und Prinzipien strukturiert. Es ist das Verhalten, das sich mit dem Leitbild – dem Bild, das von außen leitet und führt – identifiziert, sich nach ihm orientiert, das Handeln davon bestimmen läßt und das abstrakte Prinzip zu seinem Sicherheits- und Fluchtrevier macht. Das Leben wird in die geistige Struktur hineinverwunden, die Emotion dem Prinzip unterworfen.

Der Skorpion hat diese Themen und Verhaltensmechanismen, um sie in der Gemeinschaft des Lebens zu vertreten und diesem Tierkreisanteil Zuständigkeit im Leben zu verschaffen, selbst dann, wenn seine Anlage (im Sinne des Aszendenten) noch in das volle Leben, in die subjektive Selbstverwirklichung und Selbstdurchsetzung will. Er wird auch hierfür keine anderen Mechanismen zur Verfügung haben und sich selbst nach einem Leitbild, nach einer Struktur beherrscht und – diszipliniert vollziehen wollen. Er wird in erster Linie nicht seine unmittelbare Emotion, sondern sein Leitbild leben, das er für sich in Anspruch nimmt, das er für sich geschaffen hat.

In den Verhaltens-Themen des Skorpions muß das individuelle Leben verwunden, überwunden werden. Lebendige Abweichungen vom Prinzip, beziehungsweise vom reinen Prinzip des führenden Leitbildes, sind nicht geduldet. So meint der Skorpion Camus, daß das Leben »eine Abweichung von seinem Prinzip« und deshalb »absurd ist«. Und noch deutlicher formuliert er: »Leben heißt, das Absurde zum Leben bringen« oder: »Das Absurde ist Sünde ohne Gott«, wobei Gott in diesem Falle wohl als Muster, als das geistige Prinzip, als Modell verstanden sein will.

Der Mensch im kosmischen Kreuz der Elemente Feuer (Sonne), Wasser, Erde und Luft (Mond), Holzschnitt von Hans Weiditz, Augsburg 1532

Einem Kind wird das Horoskop gestellt, römisches Relief aus dem zweiten Jahrhundert nach Christus im Detail

Mittelalterliche Weltvorstellung nach Nikolaus von Cusa, Holzschnitt um 1530

Der Sinn für das Absurde, der Hang, das Leben als das Absurde zu begreifen, ist allen Skorpionen gemeinsam. Ironisierungen und indirekte Verspottungen des subjektiven Lebens und des emotionellen Ernstes sind üblich. Sie zeigen sich in den kleinen distanzierten Gesten des Alltags ebenso wie etwa zum Beispiel in den Cartoons des Skorpions Loriot, dessen Fernsehhund Wum in diesem Zusammenhang in ganz anderem Lichte erscheinen mag.

Der Skorpion selbst ist im Handeln emotionsbeherrscht, diszipliniert. Wesentlich ist das Opfer, die Überwindung der Seele, ihre Opferung als Leistung am Altar der Gattung oder auch am Altar des Prinzips als Dienst am Prinzip der Götter, von denen es zu Lehen empfangen ist.

Das geliehene Prinzip, die Identifizierung mit ihm, bewirkt die Auseinandersetzung mit Gott, mit dem Prinzip des Lebens. Das zeigt sich nicht nur daran, daß kein anderes Zeichen über so viele Theologen verfügt, sondern deutlich auch im immer wieder auftauchenden Duell mit Gott. Der Bogen zieht sich von Voltaire bis zu Rudolf Augsteins Buch »Jesus, Menschensohn«. Im Leben gebunden, fühlt sich der Skorpion vom reinen Prinzip seines Verhaltens getrennt und wirkt wie ein Gefangener im Leben. So versteht Camus die metaphysische Revolte. Der Mensch revoltiert gegen die Daseinsbedingungen, die ihm als Mensch bereitet sind.

Das Modell

In der Mythologie gehören zum Zeichen Skorpion all jene Wesen, die ihren Stammbaum bis zum gefallenen Engel Luzifer verfolgen können. Mephistos gesamter Hofstaat gehört dazu. Seine Haustiere sind die Schlange und das giftige Spinnentier Skorpion, dessen Stich mitunter tödlich sein kann. Es ist deshalb nicht verwunderlich, wenn viele Menschen mit beinahe ehrfurchtsvollem Schweigen reagieren, wenn ihnen der Gesprächspartner eröffnet, daß er im Zeichen Skorpion geboren ist. Vielfach heißt es auch: ›Ach ja?‹, was soviel bedeuten soll wie: Ist das wirklich wahr? oder: Das hätte ich aber von Ihnen nicht gedacht.

Wenn Sie selbst einmal in eine solche Situation kommen, dann schielen Sie bitte nicht auf den Boden, um den Pferdefuß des Skorpions zu entdecken, denn er trägt keinen. Was Sie aber entdecken können, das sind freundliche Beherrschtheit und unauffällige, ja fast zurückhaltende Entschiedenheit, wobei man das Gefühl hat, daß sich gleichzeitig im Hintergrund Dinge vollziehen, die man nur ahnen kann.

Und schon kommt Ihnen der Gedanke an das Mephistophelische gar nicht mehr so fremd vor. Vielleicht war er erst gestern Schlag zwölf auf dem Friedhof, um mit beschwörenden Formeln einen Spiegel zu vergraben, Kreise und sonderbare Zeichen ins Erdreich zu ziehen? Sonderbarerweise sind es seit jeher Skorpione und Apotheker, bei denen man solcherlei magisches Treiben vermutet. Mancher Apotheker soll schon als Pudel durch die Nacht gelaufen sein. Wobei, um das Bild vollständig zu machen, der Apotheker zum astrologischen Symbol des Skorpions gehört.

Was den Skorpion in der allgemeinen Meinung so in die Nähe

der Magie bringt, ist sein gleichnishaftes Handeln. Er lebt und vermittelt in seinem Verhalten ein Modell, ein Leitbild. Fast könnte man vermuten, daß im Zeichen Skorpion die Urelemente früherer Medizinmänner, Priester, Kulturträger und Magier gespeichert wurden. Der Skorpion wirkt wie ein Priester ohne Gott. Das Gleichnishafte seines Handelns liegt darin, daß er Leitbilder nachvollzieht, nie aber aus Emotionen handelt oder reagiert. Der

Geburtsstube mit Astrologen, Holzschnitt aus einem Planetenbuch von 1596

Skorpion ergreift die Gesetze und Strukturen, nach denen sich das Leben vollzieht; er sucht das Absolute, das bleibende Modell, um sich nach ihm im Verhalten und Handeln auszurichten, konsequent und unabdingbar. Das gilt für den kleinen Bereich, die kleine Gemeinschaft ebenso wie für die großen Ideen. Das Modell wird Maßstab, zwingend und unausweichlich. Das gilt für das prinzipielle Verhalten im einzelnen und für das Eintreten für das Denkmodell artgemäßen Lebens wie etwa in der Verhaltensforschung, der einzigen Art von Psychologie, die der Skorpion überhaupt kennt. Und das Gleichnishafte kommt auch hier zum Tragen: der analoge Überschlag vom Tierverhalten zu den menschlichen Verhaltensmechanismen als Modell.

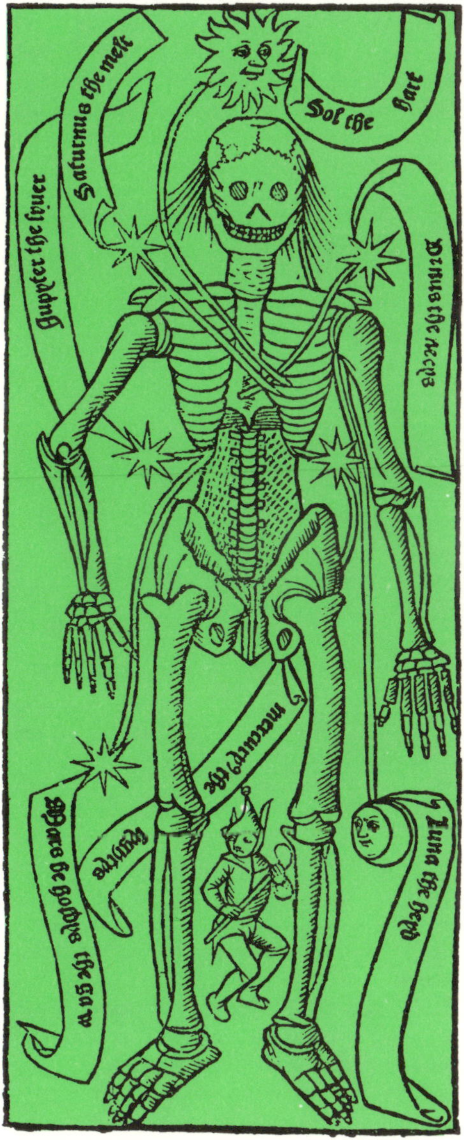

Astrologische Zuordnung der menschlichen Organe zu den Planeten, Holzschnitt aus einem englischen Kalender von 1503

Die Art des Skorpions, das Leitbild durch sich handeln zu lassen, zeigt sich besonders deutlich in Selbstzeugnissen von Skorpion-Geborenen. Sie deutet sich schon an, wenn Paul Hindemith, ganz im Gegensatz zu dem berühmten Satz: »Kümmert euch um den Inhalt, und die Form wird euch zugeworfen«, über seine Kompositionsweise meint: Zuerst ist die Struktur da, wie

Skorpionblatt mit Paranatellonta,
Illustration zu einer mittelalterlichen Handschrift

ein Berg in der Landschaft, die dann mit musikalischem Leben erfüllt wird, das den Berg eintaucht in das Wasser des Schöpferischen.

Und Robert Musil sagt über sich: »In der unbekannten Gegend ... beginnst du nun vorsichtig, an dich zu nehmen, was dich anzieht, und dich mit dem auseinanderzusetzen, was dich schreckt. So fängst du an, eine so handelnde wie seelische Beziehung zur Welt herzustellen. Ich glaube, das ist die Ausgangslage, worin sich meist der Mensch vorfindet, und die für die meisten Dichter einen Beginn ihrer Tätigkeit vorstellt ... Anders ich. Habe aggressiv begonnen und mich orientiert, indem ich das Bild der Welt in den höchst unvollkommenen Rahmen meiner Ideen preßte.«

Die Vorstellung von der Welt rangiert deutlich vor ihrem Erleben. Das Prinzip, nach dem sich die Dinge vollziehen, dem sie folgen, fasziniert den Skorpion. Er sucht es in Totalität, lebt es bis zur Perfektion, in Prinzipien und Dogmen.

Schon in der Kindheit entwickeln sich die festen Vorstellungen, die dann Richtschnur für das ganze Leben werden. Es sind die festen Züge, die sich im Äußeren des Skorpions spiegeln, die wie eingraviert sind und keine innere Entwicklung mehr zuzulassen scheinen. Hierin liegt die Aufgabe seines Verhaltens: Struktur- und Modellträger der Umwelt zu sein. In der heutigen Zeit ist etwa die Hallstein-Doktrin fast zum Symbol dafür geworden.

Die Totalität der Erfüllung des Modells bringt dem Skorpion Sicherheitsgefühl und innere Ausgewogenheit. Er nennt es zur Fahne stehen und meint damit die Treue zu seinen Vorstellungen, Ideen, Leitbildern. Er muß nach ihnen handeln, jenseits subjektiver Abweichungen vom Modell, die die Ordnung und das in ihr wohnende Prinzip stören könnten. Und auch dort, wo etwa schon das sechsjährige Skorpion-Kind sein Modell, seine dem Alter gemäßen Vorstellungen leben muß, wird sich dieser Verhaltensmechanismus auslösen. Das Kind – wird es gehindert, statt über das Leitbild gelenkt – revoltiert bis zur Selbstgefährdung, denn auch hier ist schon das Modell entscheidender Antrieb. »Die ist wie besessen«, heißt es dann. »Die hat den Teufel im Leib.« Das Kind kann aber nichts dafür, denn es muß seinem Leitbild wie zwangsläufig folgen. Die Fälle sind nicht selten, daß ein Kind aus Trotz, wie die Eltern meinen, vom ersten Stock auf die Straße sprang und sich den Fuß brach, nur um sein Leitbild, seine fixe Idee nachvollziehen zu können.

Das konsequente, absolut durchdachte Modell, die Präzision und Klarheit des Ablaufs, die Reinheit der Vorstellungen, das alles ist nur bei Skorpionen so stark ausgeprägt. Selbst wenn ein Vorgang besser verläuft als im Denkmodell vorgesehen, wird der Skorpion unzufrieden sein und an seinem Sicherheitsgefühl leiden. Allein das Absolute, allein die Perfektion befriedigt. Sie be-

Das Tierkreiszeichen des Skorpions schwebt über Saturn und Jupiter, nach Lichtenberger eine sogenannte »schreckliche Konjunktion«, Buchillustration des 15. Jahrhunderts zu einem Werk des Astrologen Johannes Lichtenberger

zieht sich auf Sachverhalte ebenso wie auf den Ablauf von Vorgängen. Was nicht perfekt ist, wirft der Skorpion weg, manchmal ist eine individuelle Entwicklung dabei.

Der Mann, der eine Vorstellung von einem Schäferhund mit gelben Ohren hat, dann aber unglücklich ist, weil der ausgewachsene Hund schwarze Ohren besitzt, ist ein Skorpion. Auch der Mann ist ein Skorpion, der die Pflanze, die nicht nach seiner Vorstellung wächst, herausreißt oder künftig ignoriert. Er ist enttäuscht, fast persönlich getroffen, wenn sein Modell, seine Vorstellung, die in ihm wohnt, sich in der Wirklichkeit des Lebens nicht als Struktur erwiesen hat, das Muster sich nicht hat durchsetzen lassen.

Ein Skorpion hat Vorstellungen von Menschen ebenso wie von Abläufen. Er weiß schon mit sechzehn, wie seine Frau aussehen

Die zwölf Zeichen des Tierkreises auf israelischen Briefmarken

wird, was für einen Mund, welche Haarfarbe sie haben wird. Er weiß, wie sie sich verhalten wird; er weiß, wie sie reagieren wird. Die Enttäuschungen des Skorpions stellen sich spätestens ein, wenn es zu lebendigen Abweichungen kommt, zu Abweichungen von seinem Modell, seinem Muster. Er ist dann enttäuscht und sieht darin fast so etwas wie Verrat. Meist ignoriert er das Abirrende; es liegt dann außerhalb seiner Würde, es ist unwürdig geworden.

Nach seinem Ebenbilde schuf Gott den Menschen, und es ist die Tragik des Skorpions, daß er die Verhaltensmechanismen des reinen Prinzips leben muß, ohne es selbst zu sein, daß er sich dem reinen Prinzip in Treue verpflichtet fühlt und dabei Mensch ist, Mensch sein muß. Darin liegt für ihn die Auseinandersetzung mit Gott, die als Auflehnung etwa bei Camus oder Voltaire artikuliert zu finden ist. So ließ Voltaire in seinem Park ein Denkmal errichten mit der Aufschrift: DEO VOLTAIRE (Dem Gott Voltaire). Darin drückt sich das Bedürfnis aus, selbst reines, unbeflecktes Gesetz zu sein, selbst Modell zu sein. Es ist nicht die Herausforderung der jeweiligen Zeit und ihrer Institutionen; viel tiefer sitzt die Auseinandersetzung mit dem Prinzip, den Urrudimenten des Luzifer, die man fast zwangsläufig ausleben muß, ohne sie je wirklich sein zu können.

Im Verhalten des Skorpions zeigt sich vielfach das Ritual, die Reihenfolge des Handelns. Das Leitbild, das Denkmodell bindet den Ablauf. Es ist immer dasselbe, wenn es um die täglichen Handhabungen geht. Es kostet ein ungeheures Maß an Selbstüberwindung, gewohnte Reihenfolgen zu durchbrechen und zum Beispiel die Krawatte umzubinden, wenn sonst zuerst die Manschettenknöpfe an der Reihe waren. Dies kann schon zu Störungen der Laune führen, zu gleichnishaften unguten Gefühlen für den Tag. Und vor einer wichtigen Arbeit den gewohnten oder von ihm gedachten Ablauf zu unterbrechen, heißt bisweilen Psychosen, zwanghafte Vorstellungen über ein Schiefgehen heraufzubeschwören. Die Anpassung an die Umwelt wird da bisweilen schwierig, eben auf Grund der klar umrissenen Eigenständigkeit und Persönlichkeitsstruktur, obwohl ein Skorpion auf Konfrontation verzichtet, denn sie ist unter seiner Würde. Andererseits ergibt sich ein ungeheures Maß an Ausdauer, Stabilität. Treue, aber nicht etwa aus Gewohnheit, Tradition, sondern nur aus den Denkmodellen, Leitbildern, Vorstellungen, die sich einmal eingegraben haben, aber auch durchaus Traditionen und Gewohnheiten einschließen können.

Das Handeln wird unwiderruflich, endgültig, leit-zielstrebig. Ein solch starkes und sicheres Verhalten wirkt suggestiv. Der

Ein Astrologe empfängt einen Kunden, englische Zeichnung aus dem 17. Jahrhundert

Zwang des Bildes, das man lebt, überträgt sich; das Zwingende der Bewegung vermittelt sich. Hierin liegt die Faszination, der Sog, der von Skorpionen bzw. vom Skorpion-Verhalten ausgeht.

Bisweilen verführt das Leitbild auch zum Handlungszwang gegen die Wirklichkeit, es wird zum ›Zwangsbild‹ – vor allem dann, wenn Irritationen den Skorpionen in das Extrem fixierter Vorstellung treiben. Gerade aus der Verbindung mit dem Leben kommt es zu Schuldgefühlen mit dem Drang, sich zu lösen, sich zu reinigen – nicht ohne die Angst vor der Bestrafung durch das Prinzip, durch das Absolute. Der Skorpion kommt dann in die Nähe von Zwangsvorstellungen und zu magisch-gleichnishaften Denkspielen.

Das sieht dann etwa so aus: Wenn der Radfahrer an der Ecke links abbiegt, ehe die Straßenbahn die Kreuzung erreicht hat, dann bekomme ich Post von B. In irgendeiner Weise ist jeder Skorpion von solchen und ähnlichen Denkspielen betroffen. Wenn Irritation und Unsicherheit vorliegt, sucht der Skorpion Zuflucht im Selbstverständnis seines Verhaltenstriebs, im gleichnishaften Denkmodell.

Der destillierte Geist

Keinem Zeichen ist das Ritual des Kultes so wesensverwandt wie dem Skorpion, keines weiß noch so viel Mysterien damit zu verbinden wie er. Wenn die Waage mehr das Foyer, den Vorraum der Kultstätte mit seinem Zeremoniell, seiner Etikette symbolisiert, so der Skorpion das Ritual des Kultes selbst. Er verbindet damit die Überwindung der Seele, das Ritual des Opfers. Reste davon sind auch heute noch in den alltäglichen Bereichen der Skorpione zu finden. Es muß nicht immer gleich ein heiliger Schrein sein, aber in den meisten Wohnungen der Skorpione befinden sich, ihnen selbst meist nicht bewußt, kleine Kultstätten. Es sind wie Altäre hervorgehobene Regale mit Figuren, Decken, Kerzen, Bildern. Bei jungen Mädchen ist dies oft noch verbrämt durch Idole von Uta von Naumburg bis zu Mick Jagger. Diese Reste von Kult- und Opferstätten werden bisweilen auch ersetzt durch den Geheimschrank, in dem nicht selten von Curare bis zum Schlangengift alles, (selbstverständlich nur natürliche Gifte,

Astrolab aus Indien um 1610, Vorderseite (rechts) und Rückseite (links)

denn man hat Geschmack) vorhanden ist. Und nicht selten findet sich darin, oder an einem sonstigen geheiligten Platz, auch eine Reihe gesammelter Totems.

Das Kultische erregt das Interesse des Skorpions ebenso wie das Gleichnishafte, Magische. Sein Bücherschrank beherbergt die entsprechende Literatur. Er sammelt die Kultgegenstände verschiedener Religionen, so wie etwa ein Zwilling alte Mechanismen oder ein Stier Briefmarken sammelt.

Was hinter den Verhaltensmechanismen des Skorpions durchdrängt, sind die Erinnerungen an den Kult früherer Zeiten, in dem sich die Gemeinschaft der Art oder des Stammes zusammenfand, ihre Gesetze zu Leitbildern ritualisierte und deren Einhaltung überwachte. Und es ist das Mysterium des Opfers, das die Verwindung des Eigenlebens zugunsten der Leitbilder der Art fordert. Im Verhalten eines jeden Skorpions brechen diese Erinnerungen durch, ganz gleich in welchem Sinne, in welchem Bereich oder auf welcher Ebene sie auch immer angewandt werden. Das zeigt sich in der Unterordnung der Emotion unter das Denkmodell, unter die Prinzipien. Es ist die Beherrschung der Gefühle, die Disziplin, der Ehrgeiz, sich immer in der Hand zu haben. Der Skorpion ist der Mann, der nicht zurückschlägt, wenn er herausgefordert wird, sondern vielmehr ironisch lächelt. Ein Skorpion ist auch der Knabe, der nach einer Ohrfeige oder einer Tracht Prügel seine Eltern dadurch aus der Fassung bringt, daß er ohne eine Regung oder Reaktion die betonte Ruhe des Formellen bewahrt und sich mit unbewegter Stimme bedankt.

Er ist der Herr seiner Emotion, seiner Impulse. Er beherrscht seine Gefühle in allen Nuancen. Diese Beherrschung ist geradezu sein Fluchtrevier. So wird ein Skorpion auch nie den Kopf verlieren, in Panik geraten. Je schwieriger die Lage ist, desto beherrschter und ruhiger wird er. Sein Stimmaufwand wird nicht größer, sondern eher kleiner, die Bewegungen werden nicht hastiger, sondern ruhiger. Er behält, unbeeinflußt von Ängsten und Gefühlen (nicht daß er sie nicht hätte), die Ruhe der Überlegung und wirkt eher amüsiert. Das einzige, was sich möglicherweise verändert, ist sein »spezifisches« Gewicht, ist seine Konzentration, die fast unbemerkt bleibt. Selbst die stärksten Gefüllswallungen werden über ein beherrschtes Verhalten geleitet. Die Gefühle des Skorpions sind diszipliniert, und das Wort zuchtvoll nimmt in seinem persönlichen Wörterbuch eine erste Stelle ein.

Stimmungen treten nicht nach außen, sind dem Skorpion nicht anzumerken; er destilliert innen. Es ist sein Stolz, keine Klassifizierungsmerkmale nach außen treten zu lassen. »Der Mann ohne Eigenschaften« ist ein Titel des Skorpions Robert Musil. Auch im äußeren Auftreten zeigen sich diese Symptome der Haltung. Nicht etwa, um ordentlich, um tadellos zu sein, sondern um sich nicht gehenzulassen, um unantastbar zu bleiben.

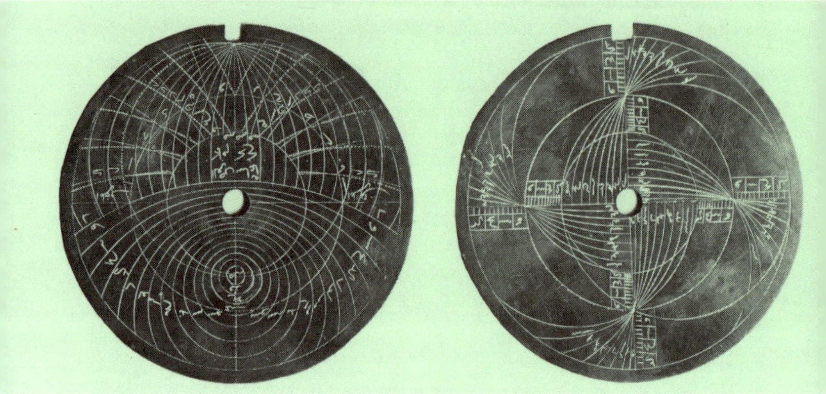

Astrolab aus Indien um 1610 (Einsatzscheiben)

So entschuldigt sich Voltaire in einem Brief, sich möglicherweise selbst ironisierend: »Entschuldigen Sie, wenn ich Ihnen bei der drückenden Hitze in Hemdsärmeln schreibe.«

Der Haltungs- und Beherrschungsdrang geht so weit, daß ein Skorpion schon im Nachgeben gegenüber Gefühlen eine Schwäche sieht. Seine ganze (allerdings nicht demonstrierte, das ist unter seiner Würde) Verachtung gehört denen, die sich gehen lassen oder ihr Handeln subjektivistisch nach Opportunitäten ausrichten. Seine Verachtung gehört dem, der sich an den absurden, ungereimten und wechselhaften Zufällen des Lebens orientiert. Feige Halbwahrheiten oder Lebenslügen als seelische Prothesen, um sein jämmerliches Selbst aufrechtzuerhalten, um die Dinge nach dem eigenen Bedürfnis, die Welt nach dem eigenen Gusto zu benennen, durchschaut der Skorpion mit einem Blick, erkennt er im Ansatz. Er genügt ihm, um ohne Übergang, ohne Erklärung einer Person oder Sache für immer den Rücken zu kehren, denn eine Auseinandersetzung oder Erwartung wäre für ihn sinnlos. So läßt Camus in seinem Stück »Caligula« einen Hofdichter, der zur Lesung vor Caligula erscheinen soll, schon wegen der Art des Ankommens zurückwinken bzw. abpfeifen – es kommt erst gar nicht zum Vortrag.

Das unmittelbare Leben zählt nichts, es ist absurd, ungereimt; wer es zu ernst nimmt, sich nach ihm verhält, der amüsiert den Skorpion. Er ironisiert das Leben, den Ernst der Umwelt in kühler, fast unterkühlter Distanz. Bisweilen überkommt ihn dann auch der Zwang zum Absurden, die zwanghafte Vorstellung, mitten in einer normalen Situation das Absurde zu tun, das Absurde zu leben.

Der Skorpion sucht das Edle nicht, um es wie etwa die Jungfrau im Goetheschen Sinne urbar zu machen. Ihm geht es um das Prinzip, die Seele muß ihm geopfert, überwunden und im Geiste destilliert werden. Er will die Macht des Geistes, des Leitbildes über die Seele. Vielfach bezieht er daraus ein nicht direkt nach außen tretendes Elite-Bewußtsein.

Der Sinn des Opfers liegt bei ihm darin, daß es dabei etwas zu überwinden gibt. Der bloße Verzicht, der ja, wie etwa dem Fisch, leichtfallen könnte, gibt dem Skorpion keinen Lustgewinn, keine Befriedigung seiner Urmechanismen. Deshalb ist er meist auf Schicksalssuche – sucht Aufgaben, Ideen. Schwäche oder Versagen in einer Krise bei sich und anderen begreift er deshalb zwar im Zustandekommen, aber er verzeiht es nicht. Für ihn ist es gleichbedeutend mit: dem Opfer entrinnen wollen. Die Selbstüberwindung, die Kasteiung der Seele (auch ein bißchen Quälen) ist sein Metier, seine Art Training. Er fühlt sich dadurch geläuterter, reiner, freier. Dabei hat er die Beherrschung der Gefühle bei sich selbst meist schon hinter sich gebracht. So sucht er andere Seelen zu überwinden, sie seiner Vorstellung einzuverleiben. Er symbolisiert keineswegs dabei den Doktor Faustus, der ewig schwankend seine Seele zur Handelsware macht, er ist das Symbol des Mephisto, der Macht über die Seelen will. Für den Skorpion allerdings kommt der Drang zur Überwindung der Seele, des Opfers der Seele aus tieferen Zusammenhängen. Es sind im Verhalten die übriggebliebenen Mechanismen aus der Urerfahrung, die das Opfer für die übergeordnete gemeinschaftliche Leitlinie fordern. So kommt die Auslösung, wie etwa bei den

Lemmingen, einer Wühlmausart, die sich in periodischen Abständen zu einem Massensterben ins Meer stürzen, aus dem Mechanismus des Skorpions. Die Übervermehrung soll ausgeglichen, der Lebensraum und damit die Art erhalten bleiben. Es sind die Leitbilder der Art, die für den einzelnen bisweilen in den Tod führen können. Es ist die bedingungslose Treue gegenüber den Leitmodellen, die das Zeichen Skorpion der Gattung einprägt. Auch die Kamikaze, die Selbstvernichtungsflieger des Skorpionvolks Japan im 2. Weltkrieg gehören hierher. Auch die Tat Graf Schenk von Stauffenbergs am 20. Juli 1944 gegen Hitler gehört in diesen Zusammenhang.

Bisweilen wird das jeweilige Leitbild zum Zwangsbild. Die Idee, von der dann der Skorpion besessen ist, wird er missionarisch und hartnäckig vertreten und versuchen, die Umwelt darauf einzuschwören. Dies kann sich in den kleinen Bereichen des Lebens ebenso zeigen wie in den großen Themen der Politik, der Religion oder im Bereich des Sozialen. Dort, wo es sich um das Thema der Gattung Mensch handelt, sind etwa der Verhaltensforscher Konrad Lorenz oder der Schriftsteller Peter Weiss ebenso beredte Beispiele wie Martin Luther. Die Schwäche des einzelnen, der in seinen subjektiven Trieben und in den möglicherweise undisziplinierten Bedürfnissen die Gemeinschaft gefährdet, wird in die Schranken gefordert. So versteht ein Skorpion den Staat niemals als Zuflucht und Sicherung der Schwäche des einzelnen, wie es etwa der Sicherungstrieb der Beutetiere, etwa im Stier nahelegt. Das zeigt sich nirgends drastischer als bei dem Beispiel der Lemminge, die das Leitbild der Art geradezu zur Selbstopferung zwingt.

Gerade hier zeigen sich die inneren Regulative des Tierkreises deutlich. Der Stier, Symbol des Beutetiers, das in durchorganisierten Herden Schutz und Sicherheit sucht, findet sein Gegengewicht im Skorpion. Der Skorpion als der »Strukturhüter der Art« verbindet sich hier mit dem Symbol der Wölfe, entsprechend dem Höllenhund Pluto. Es ist ein Symbol des Untergangs und der Überwindung des subjektiven Lebens, der Reinigung des Geistes vom Leben.

Diese Spannung zwischen Herde und ihrer Reinigung, zwischen Stier und Skorpion, kommt in den Reden und Schriften (auch in den Träumen) der Skorpione immer wieder zum Ausdruck. So etwa bei dem Skorpion Hans Magnus Enzensberger in

Nebeneinanderstehende Paramatellonta, Illustrationen zu einer mittelalterlichen Handschrift

dem Gedicht »Verteidigung der Wölfe gegen die Lämmer«: ». . . scheuend die Mühsal der Wahrheit, dem Lernen abgeneigt, das Denken überantwortend den Wölfen . . .« und weiter ». . . gelobt seien die Räuber: Ihr Einladend zur Vergewaltigung . . . zerrissen wollt ihr werden, ihr ändert die Welt nicht.«

Konsequenz als Beruf

Wenn Sie einmal in die Verlegenheit kommen, sich um eine neue Stelle bewerben zu müssen, und Ihr neuer Chef ist im Zeichen Skorpion geboren, dann versäumen Sie es nicht, bei Ihrem ersten Kontaktgespräch zu erwähnen, daß Sie Ihr Studium oder eine sonstige Ausbildung nur gegen den Willen der Eltern unter großen Entbehrungen vollendet haben. Aber tragen Sie das keinesfalls klagend vor, denn für Skorpione sind Entbehrungen eine Selbstverständlichkeit.

Vielleicht bietet Ihnen Ihr neuer Chef auch eine Zigarette an. Dann lehnen Sie am besten mit der Bemerkung ab, daß Sie sich das Rauchen vor zwei Monaten abgewöhnt haben. Wenn Skorpione nämlich überhaupt eine Schwäche kennen, dann für Menschen, die sich gerade etwas abgewöhnt haben.

Wenn Sie Ihr zukünftiger Chef nach Ihren Zielen fragt, und Skorpione fragen immer danach, antworten Sie dann keinesfalls mit Sätzen wie: ›Ich weiß noch nicht genau‹ oder: ›Mal sehen, wie sich alles entwickelt‹, sondern beschreiben Sie so kurz und präzis wie möglich Ihre Vorstellungen und lassen Sie keinen Zweifel daran, daß Sie diese auch verwirklichen werden.

Skorpione haben von allem ein vollständig durchdachtes Bild, eben ein geistiges Modell, das im Ablauf bis in die letzte Konsequenz perfektioniert ist. Jede Frage wird aufs neue im Geiste modelliert und dann unbeirrbar verfolgt. Dabei werden weniger Impulse und kurzfristige Aktivitäten sichtbar. Ein Skorpion ist im Verfolgen seiner Ziele hartnäckig, gleichmäßig und dabei bisweilen fast unauffällig. Langes Hin- und Herreden über Entscheidungen ist ihm fremd. Er kann das nicht ertragen. Es ist für ihn Zeitvergeudung, Geschwätz. Er hat sein Modell bereits in der Tasche und erwartet in Gesprächen und Sitzungen wesentliche, bereits durchdachte Gesichtspunkte. Und durchdacht bedeutet für ihn ein klares Konzept, ein eindeutiges und vollständiges Modell.

Wütend wird ein Skorpion nur, wenn seinem Denkmodell zuwidergehandelt wird, wenn Prinzipien gestört werden. Er entwickelt dabei einen solchen Perfektionstrieb, daß es ihm kaum jemand recht machen kann. Vielfach mit Recht, denn er ist es, der jeden Satz zu Ende denkt. Was er macht, denkt und handelt, sitzt auch. Ein Skorpion hat keine Meinungen und Ansichten, er hat Grundsätze, auch wenn er sie nicht jedem unter die Nase hält. Er findet es nicht immer der Mühe wert, sich etwa wie ein Krebs zu erklären. Deshalb haben die Entscheidungen eines Skorpions bisweilen etwas Verschwiegenes an sich. Er ist der Mann der einsamen Entschlüsse. Der mögliche innere Kampf um die Entscheidung ist ihm nicht anzusehen. Die Probleme, die es gegeneinander abzuwägen gilt, treten nicht an die Oberfläche. Um so grundsätzlicher und unwiderruflicher fallen dann die Entscheidungen aus, unbeeinflußt von Gefühlen und ohne Rücksicht gegen sich und andere.

Tierkreiszeichen und Monatssymbole an der Kathedrale von Amiens/ Frankreich

Die beherrschte Ruhe eines Skorpions täuscht bisweilen. Je ruhiger, gefaßter, gleichmäßiger, ja verharrender ein Skorpion wird, desto gefährlicher wird es für seine Umgebung. Er redet nicht lange – er handelt. Er kann blitzartig, reflexartig reagieren, entschieden zupacken, aber immer kühl beherrscht, knapp, sach-

Die Beziehungen zwischen den Planeten und den Tierkreiszeichen mit der Erde im Mittelpunkt, französische Buchillustration aus dem 15. Jahrhundert

lich, fast instrumental, nicht irritiert von Impulsen, dafür aber um so konsequenter, nachhaltiger, auch härter. Ein sportliches Beispiel sind hier die Fußballspieler Uwe Seeler und Gerd Müller, deren Konzentration und Konsequenz im Torschuß legendär wurden.

Ein Skorpion gibt nie auf, er beißt sich fest. Wegen seiner Hartnäckigkeit ist er ein unbequemer und unangenehmer Gegner. Es gibt Fälle, in denen zwei Skorpione gegeneinander so lange prozessierten, bis sie beide vor dem Ruin standen. Es geht dann nicht mehr um die Realität, es geht um das Prinzip bis zur Selbstvernichtung.

Das sind jedoch die seltenen Fälle. Ein Skorpion ist im Grunde außergewöhnlich gutmütig und kann im Gefühl seiner Überlegenheit sehr viel hinnehmen. Man sollte jedoch nie das Konto seiner Gutmütigkeit überziehen.

Beruflich profitiert der Skorpion von diesen Eigenschaften. Er gehört zu denen, die zielstrebig jede Schwierigkeit angehen und auch durchhalten. Ganz gleich, ob es sich um das Abitur handelt, wenn er es noch mit 30 Jahren nachholt, oder ob er als Selfmade-Mann seinen Weg nach oben macht. Er hat eine langatmige Energie und sein Ziel immer fest vor Augen. Sein Leitbild ist wie ein Sog, dem er wie gebannt folgt, durch alle Beschwernisse und Hindernisse hindurch. Im Showgeschäft lassen sich vielfältige Beispiele dafür finden. Problematisch ist es für den Skorpion dabei, daß sein Leben nach Vorstellungen die Seele einengt, in verzwängte Haltungen bringt. Skorpione sind dementsprechend die seelischen Spastiker des Tierkreises, leiden unter mangelnder seelischer Spontaneität. Parallel spiegelt sich das auch im Organismus. Verkrampfungen, Spasmen finden sich bei ihnen besonders häufig.

Beruflich wird der Skorpion von allem angezogen, was sich in Denkmodellen darstellen läßt. Also von Mathematik, Physik (besonders theoretische), Chemie. Dies schlägt vor allem auch bei den weiblichen Vertretern des Zeichens zu Buche. Madame Curie oder Lisl Meitner sind als Wissenschaftler Beispiele des exakten Modelldenkens im Skorpion. Außerdem ist es das gleichnishafte Denken, das den Skorpion anzieht. Also etwa metaphysische Bereiche, Etymologie oder Orientalistik.

Der Skorpion und die Liebe

Der Skorpion-Mann

Wenn Ihnen ein Skorpion-Mann begegnet, dürfen Sie getrost alles vergessen, was Sie bisher selbst erfahren, gelesen oder gehört haben. Sie werden geistig neu eingekleidet.

Es mag Sie faszinieren, Sie mögen sich geschmeichelt fühlen, es mag Ihnen auch imponieren, einen eigenständigen Charakter kennengelernt zu haben, doch erst viel später merken Sie dann, daß Sie damit allmählich in Ketten geschmiedet wurden, die so leicht nicht mehr zu lösen sind. Wenn Sie es merken, ist es meist schon zu spät. Überlegen Sie sich also die Plänkelei mit einem Skorpion lieber vorher. Jede Art von Koketterie können Sie sich bei ihm im übrigen sparen. Er würde sie mit der ihm eigenen Sensibilität als unecht aufspüren, sich zwar geschmeichelt fühlen, jedoch höchstens ironisch darauf reagieren. Außerdem weiß er sofort, ob Sie für ihn in Frage kommen oder nicht. Wenn ja, dann bleibt Ihnen das keinesfalls verborgen. Sie sollten ihm dann das Gefühl geben, daß es in Ihnen etwas zu überwinden gibt. Gewinnt er den Eindruck, Sie hätten schon angebissen, dann läßt er Sie zwischendurch noch etwas zappeln, um den Reiz zu erhöhen. Er liebt das Spiel an den seelischen Grenzmarken. Außerdem will er aus der Distanz seine Wirkung überprüfen.

Sind Sie erst einmal zu seinem Geschöpf geworden, gibt es für Sie einige Klippen zu überwinden. Es kann Ihnen passieren, daß Sie plötzlich mit kalter Förmlichkeit ignoriert werden, ohne recht zu wissen, warum. Vielleicht hatten Sie den Pullover angezogen, von dem er schon gesagt hatte, daß er ihm nicht gefällt, oder Sie hatten in einer Unterhaltung ganz unbefangen einen seiner Gesprächskontrahenten in dessen Meinung bestätigt. Beides wäre grundverkehrt. Weil der Skorpion-Mann die Welt als Modell sieht, verlangt er gerade von Ihnen Modelltreue. Es verletzt ihn dabei nicht, daß Sie den anderen bestätigten, sondern vielmehr, daß Sie tatsächlich dessen Meinung waren. Hier setzt die sprichwörtliche Eifersucht des Skorpions ein, die durchaus mit der Othellos vergleichbar ist. Ihre Worte und Gesten bekommen dann eine überdimensionale Bedeutung. Quälende Gedanken bewegen ihn dann. Er kann sich nicht vorstellen, daß Sie ihm treu sind und trotzdem nicht seine geistige Haltung teilen.

Ein Skorpionmann ist allerdings nur so lange eifersüchtig, bis der Sündenfall erwiesen ist. Dann wirkt er wie erlöst. Es herrscht dann wenigstens – wenn auch eine schmerzliche – Klarheit.

Trotz alledem, oder gerade wegen seines geistigen Patriarchentums, können Sie sich bei einem Skorpion sicher und geborgen fühlen. Er gibt Ihnen das Gefühl der selbstverständlichen Zusammengehörigkeit, die er deshalb nicht immer deklamieren muß. Zudem wird er in schwierigen Situationen oder Krisen nie die Nerven verlieren. Und von wem weiß man das sonst schon so sicher?

Titelbild eines englischen Werkes über Okkultismus aus dem 19. Jahrhundert mit Astrologen unten links

Etwas verspielte Unbefangenheit mit einem kleinen Schuß Widerstand oder Zurückhaltung, das ist genau das, was die Skorpion-Frau an den Männern reizt. Ist der Auserwählte dann einmal zu ihrem Leitbild geworden, das Opfer ihrer Zielsetzung, so kann sie trotz aller äußeren Zurückhaltung die totale Leidenschaft entwickeln. Eine Skorpion-Frau wird sich dann vollkommen auf ihr Leitbild einstellen – beharrlich, ausdauernd, konsequent. Sie ist fähig, wenn es sein muß, ein ganzes Jahrzehnt zu warten. Darin liegt ihre Gefahr, daß die Vorstellung mit ihr durchgeht.

In den allermeisten Fällen wird sie jedoch ihr Ziel erreichen. Und ihr Opfer braucht das keineswegs zu bereuen. Sie wird treu und fürsorgend sein, geistig interessiert und anspruchsvoll, mit Stil und ohne falsche Schnörkel.

Die Skorpion-Frau wird Sie wie ein Juwel hüten. Und hier fängt das Problem an. Sie ist, wie eben Skorpione sind, total, und sie verlangt dasselbe von Ihnen. Sie ist, ähnlich wie der Skorpion-Mann, in hohem Maße eifersüchtig – schon auf Worte oder Gesten. Sie kann dann der oft nur vermeintlichen Konkurrenz in unterkühlter und kaum überbietbarer Manier gezielte Skorpionstiche versetzen. Ihr Instinkt für schwache Stellen in der Umwelt wird annähernd nur noch von der Jungfrau erreicht.

Ein anderes Kapitel ist die Unbedingtheit, mit der die Vorstellungswelt der Skorpion-Frau ablaufen muß. Sie will dann die Modelle ihrer Vorstellung auf Sie übertragen. Wenn sie sich ein Ziel gesetzt hat, und es sind beileibe nicht die verkehrtesten, kann sie mit einer Ausdauer bohren, der niemand gewachsen ist. Widerstand ist zwecklos. Die einzige, wenn auch geringe Chance besteht darin, durch Argumentieren das Programm zu verändern. Die Kehrseite davon ist, daß die Skorpion-Frau immer mit der Totalität ihrer Person hinter Ihnen steht (für den Fall, daß Sie ihre ganze Vorstellung von Anfang an sind) und Ihnen in Not und Sorge vollen Rückhalt gibt.

Anekdoten über berühmte Skorpione

Helmut von Moltke

Der Pfeifenraucher Helmut von Moltke wurde nach dem Unterschied zwischen Mensch und Tier befragt und antwortete: »Kein Tier raucht.«

Helmut von Moltke

Georges Danton

Der französische Revolutionspolitiker Danton meinte auf dem Weg zur Guillotine zu Chabot: »Sollte es im Jenseits einmal eine Revolution geben, ich denke, wir lassen die Finger davon.«

Voltaire

»300 Jahre meines Nachruhms für eine gute Verdauung.«

Voltaire

Im Alter meinte der weltberühmte französiche Dichter: »Gebt mir ein paar Minuten Zeit, mein Gesicht hinwegzuplaudern, und ich verführe die Königin von Frankreich.«

Zu einem Kritiker der Umgangsformen und Prediger der Natürlichkeit meinte Voltaire: »Mein Steiß ist auch Natur, und dennoch trage ich Hosen.«

Voltaire begegnete einem Priester mit den Sterbesakramenten, trat beiseite und entblößte das Haupt. »Sieh an!« sprach der Geistliche. »Versöhnt mit dem Herrn?« Voltaire lächelte: »Wir grüßen einander.«

Ein Priester riet dem sterbenden Voltaire, Gott in letzter Minute um Vergebung zu bitten.

»Er wird mir vergeben«, flüsterte Voltaire, »es ist sein Metier.«

Paul Hindemith

Georges Danton

Albert Camus

»Die Welt ist ohne Bedeutung, und wer das erkennt, gewinnt seine Freiheit.«

»Es gibt kein Schicksal, das nicht durch Verachtung überwunden werden könnte.«

»Revolte ist es, unfreiwillig zu sterben.«

Paul Hindemith

Der Komponist Hindemith meinte über Johann Sebastian Bach: »Was wir an ihm lernen, das ist, das Notwendige bis zu dem Maße zu erfüllen, daß es nicht mehr notwendig erscheint.«

Der Skorpion und die anderen

Bezieht man sich nur auf die Verhaltensweisen der einzelnen Tierkreiszeichen, also auf den Geburtstag (Sonne), so kann man eine Faustregel aufstellen. Die idealste Verhaltenskombination stellen immer die Zeichen dar, die durch ein Zeichen voneinander getrennt sind – also ein Zeichen und das jeweils übernächste. Für den Skorpion sind das die Jungfrau und der Steinbock. Dabei ist meistens das im Jahresverlauf vorherliegende Zeichen für die Verbindung bestimmend. Der Skorpion wird also durch die Jungfrau bestimmt, der Steinbock durch den Skorpion. Gute Kombinationen ergeben außerdem die Verhaltensweisen der Zeichen, die das gleiche Element repräsentieren. Beim Skorpion sind das die Wasserzeichen Krebs und Fische. Allerdings ist dies eine Verbindung, die schädlich sein kann, da man sich auch in den Extremen bestätigt und kein korrigierender Ausgleich gegeben ist.

Die Zeichen, die jeweils durch zwei Zeichen voneinander getrennt sind, weisen unvereinbare Verhaltensweisen auf, behindern sich gegenseitig, ohne sich zu ergänzen. Hier herrscht ständiges Reizklima.

Die Verhaltensweisen der Zeichen, die fünf oder sieben Tierkreisstationen auseinanderliegen, sind sich eher fremd. Sie reizen sich nicht und begreifen sich nicht. Es herrscht ein spannungsloses Mißverständnis. Dies sind für den Skorpion die Zwillinge und der Widder. Ähnliches gilt für benachbarte, also unmittelbar aufeinander folgende Zeichen. Dabei herrschen verschiedene Motivationen auf gleicher Ebene vor, was meistens zu stärkeren Kontroversen führt.

Die sich gegenüberliegenden Zeichen ergeben in der Kombination ständige produktive Auseinandersetzungen, die sich aus der Gegensätzlichkeit der Verhaltensmotive entwickeln. Man hält sich gegenseitig in Schach. Dieses Gegenüberstellen von Tierkreiszeichen ist für Partnerschaften nicht nur produktiv, sondern auch harmonisch, wenn nicht nur der Geburtstag, sondern auch die Geburtsstunde (Aszendent) einbezogen wird. Es ist wohl die idealste Kombination für das Zusammenleben, wenn der eine Partner seinen Aszendenten in dem Zeichen hat, in dessen Bereich der Geburtstag des anderen fällt. Die Verhaltens-

Der Tierkreis, Holzschnitt aus dem Augsburger Lucidarius von 1470

weise des einen entspricht dann der Anlage des anderen. Hier kann allerdings nur über die Verhaltensweisen und nicht über die Anlagen gesprochen werden.

Skorpion und Widder

Wenn sich ein Widder unglücklich verliebt, steckt wahrscheinlich ein Skorpionstachel in seinem Herzen. Obwohl der Widder keineswegs talentiert ist, mit diesem gefährlichen Sprengstoff umzugehen, besitzt er eine unerklärliche Liebe für dieses Tierkreiszeichen. Zunächst steht er mit seiner Bewunderung auf ziemlich verlorenem Posten. Seine werbenden Bemühungen richten so wenig aus, als verehre er ein Denkmal. Der Skorpion hat sich nämlich schon längst entschieden. Er mag jemanden, oder er mag ihn nicht. Überreden, einfangen oder verführen läßt er sich nicht. Der Widder ist für ihn ein so offenes Buch, daß er sich nur selten der Mühe unterzieht, darin zu lesen. Bestenfalls ist er amüsiert und nimmt die Anbetung mit aufreizender Selbstverständlichkeit hin. Aber ganz gleich, ob der Widder leidenschaftlich oder aggressiv auf diese kühle Herausforderung reagiert, es ist so wirkungsvoll, als versuche jemand, mit einem Blasrohr und einer Ladung Erbsen einen Elefanten zu erlegen.

Der Widder ist seinen Emotionen ausgeliefert. Der Skorpion paßt die seelischen Bedürfnisse einem leitbildhaften Vorstellungsleben an. Er zimmert sich ein Gerüst, dem alles untergeordnet wird. Nur hin und wieder erlaubt sich der Skorpion eine gefühlsechte Reaktion – so wie andere Leute am Sonntag die guten Zigarren aus dem Schrank holen. Durch diesen Mangel an Lebenswärme kommt es leicht zu einer seelischen Isolierung, die der Skorpion mit einer distanzierten und disziplinierten Denkweise auszugleichen versucht.

Wenn sich Widder und Skorpion auch am Ende ihrer Wege treffen können, sind sie doch wie Bergwanderer, die denselben Gipfel von verschiedenen Seiten erstiegen haben. Ihre Wege berühren sich nicht. Der Abstand zwischen ihren Zuständigkeitsbereichen ist so groß, daß sie nicht einmal Konkurrenten sind. Freundschaften zwischen diesen beiden Zeichen haben deshalb mehr Aussicht auf Erfolg als Liebesbeziehungen.

Skorpion und Stier

Der Skorpion ist der Gegenpol des Stiers. Das keimende Frühjahr und der kühle Herbst begegnen sich. Mit dem Stier eröffnet sich langsam die Fülle des Lebens, während der Skorpion damit beschäftigt ist, sich von den Resten des Lebens zu reinigen. Das sind echte Gegensätze.

Wenn auch der Skorpion das Lebendige nicht grundsätzlich verabscheut, so braucht er es doch nur, um es überwinden zu können. Der leichte Verzicht des Fisches bietet ihm nicht genügend Lustgewinn. Er will etwas überwinden. Er braucht Opfer und Askese, denn er ist der Meinung, daß die Abhängigkeit vom Leben überwunden werden muß. Von dieser Warte aus betrachtet er den Stier, der ja noch vor dem Leben steht, amüsiert und überlegen. Andererseits duldet der Stier keine Grenzverletzungen. Man steht sich also fremd und verständnislos gegenüber.

Skorpion und Zwillinge

Die Verhaltensweisen von Zwilling und Skorpion dürften sich kaum im Raum treffen. Motivation und Verhaltensmuster sind zu verschieden, ohne sich dabei schöpferisch herauszufordern.

Das beginnt schon damit, daß der Zwilling Konturen, aber keine Inhalte sammelt. Konturen und Kennzeichnungen allein interessieren aber den Skorpion nicht. Sein Zeichen symbolisiert die Struktur, und so findet er sein Selbstverständnis im Strukturieren von Inhalten und auch Seelen. Dabei nimmt er sich selbst nicht aus. Deshalb ist er seelisch beherrscht und diszipliniert oder verhält sich zumindest so. Dabei entwickelt er sogar so etwas wie eine Leistungsvorstellung für die Überwindung des Seelischen, des allzu Subjektiven. Beim Skorpion sind die Eigenschaften zur Erhaltung der Art wesentlich stärker ausgeprägt als die Eigenschaften zur Erhaltung des Individuums. So ist sein Verhaltens-Instrumentarium, selbst wenn seine Aszendenten-Anlage subjektivistisch ist, dafür ausgerüstet, für außer- und überpersönliche Notwendigkeiten einsatzfähig zu sein. Nach diesem Muster verhält er sich selbst dann, wenn es um persönliche Ziele und Absichten geht. Der Skorpion ist unbedingt, beherrscht, konsequent, etwas missionarisch, prinzipiell und bohrend.

Aber das ist ganz und gar nicht das Problem des neutralen, toleranten, unparteiischen Zwillings, der keinen übermäßigen Antrieb verspürt, seine Stellungnahme unbedingt zu vertreten. Die Demokratie des Zwillings ist sprichwörtlich. Er will keine Konfrontationen, sondern ein geregeltes Umweltverhältnis. Er hat seinen Standort, und den will er sich neutral erhalten.

Während der Skorpion Inhalte und Seelen gestaltet, orientiert sich der Zwilling nur daran, Inhalte zu verzeichnen. Deshalb gehen beide Verhaltensweisen mehr oder weniger aneinander vorbei. Sie treffen sich auch nicht gegenseitig. Die Neutralität des Zwillings ist eine Sperre für das Skorpionverhalten. Für den Skorpion ist es so etwas wie Verrat, nicht zur gemeinsamen Sache zu stehen. Umgekehrt steht der Zwilling der strukturierten

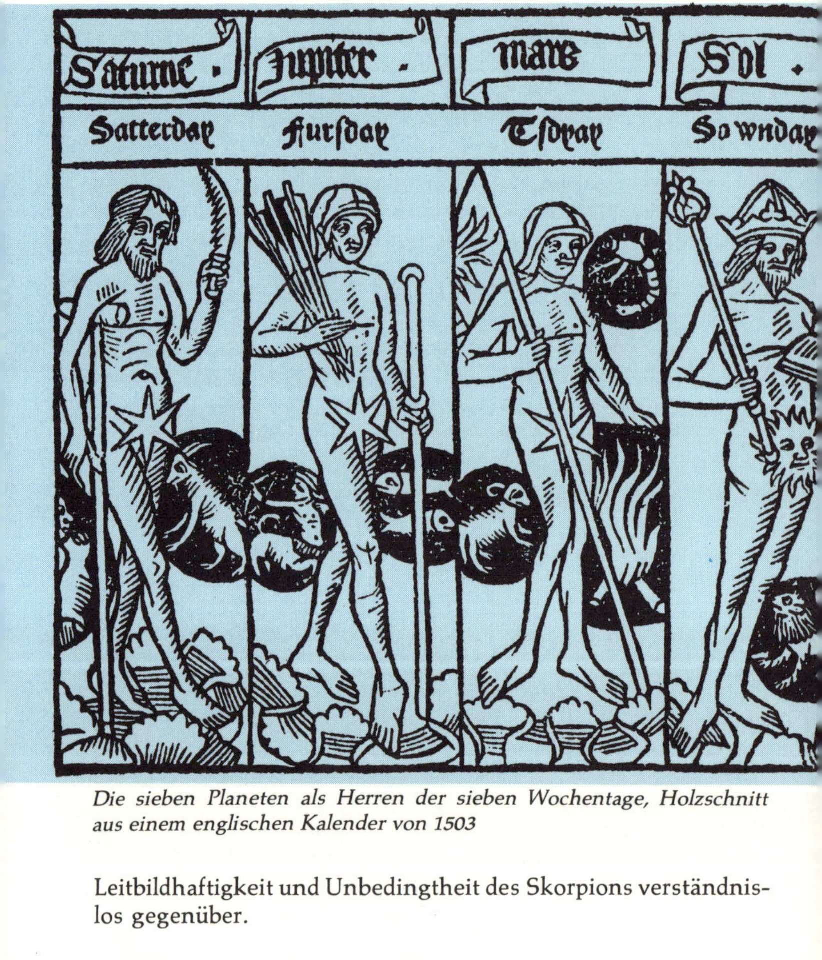

Die sieben Planeten als Herren der sieben Wochentage, Holzschnitt aus einem englischen Kalender von 1503

Leitbildhaftigkeit und Unbedingtheit des Skorpions verständnislos gegenüber.

Skorpion und Krebs

Eine Verbindung zwischen Krebs und Skorpion ist fast ideal. Beide leben aus der gleichen Sensibilität für indirekte Zusammenhänge. Während aber beim Krebs diese Sensibilität mit

einem reichen Gemütsleben verbunden ist, paart sie sich beim Skorpion mit der konsequenten Beherrschung der Gefühle. Es gibt also auf der gleichen Grundlage genügend ›verwandte‹ Gegensätze, um sich anzuziehen. Allerdings ist diese Anziehung für den Krebs zunächst mehr ein Sog, den der Skorpion fast unauffällig ausübt. Das ähnelt dann der Beziehung zwischen Kaninchen und Schlange, denn gerade für den Krebs ist die absolute Beherrschung der Gefühle abenteuerlich und erschreckend zugleich. Das zieht den Krebs fast magisch an. Sind erst einmal die ersten Schritte getan, dann nützen Fluchtimpulse nur noch wenig. Erst später wird eine ausgeglichene Balance gefunden. Dann ist der Krebs froh, in seinem Partner eine sensible Stabilität gefunden zu haben.

Auch Skorpione kommen bei dieser Verbindung zu einem Ausgleich. Skorpione suchen meist Schicksale zum Verarbeiten. Sie wollen Seelen gestalten, denn sie symbolisieren die Überwindung des Lebens, des Subjektiven. Da sie das bei sich selbst meistens schon erreicht haben, sind sie um des geregelten inneren Haushalts willen genötigt, sich andernorts umzusehen. Und dazu bietet sich der Krebs als besonders geeignet an, da er über so viel sich stets erneuernde Seele verfügt, daß der Skorpion zu innerem Gleichgewicht kommen und der Gefahr einer Verhaltensenge entgehen kann.

Für Skorpion-Frauen sei ein Rat angefügt: Krebse verfügen über ein großes Repertoire an Fluchtmechanismen; man muß daher vorsichtig sein und wohlüberlegt reden und handeln.

Skorpion und Löwe

Eine Verbindung zwischen Löwe und Skorpion ist meist ein Indikator für Überschätzung der eigenen Möglichkeiten, zumindest aber für Übermut. Es geht hier für beide ums reine Überleben. Das ist ein Kampf, der stets remis endet.

Vielleicht reizt den Löwen das beherrschte, disziplinierte Verhalten des Skorpions, vielleicht aber lockt ihn nur die Gefahr. Hier ist für den Skorpion ein Löwe immer eine Herausforderung, eine echte Aufgabe im Sinne der Bewältigung. Nur, beide nehmen sich im Falle einer Bindung zuviel vor, denn die Grundlagen des Verhaltens sind gegeneinander gerichtet. Der Löwe lebt und handelt aus sich, aus dem Selbstverständnis seiner jeweils gegenwärtigen Emotion. Ein Skorpion lebt und handelt nach Vorstellungen, denen er seine Emotionen und Impulse unterordnet. Er sucht leitbildhafte Denkstrukturen, nach denen sich das Leben und das Eigenleben auszurichten haben. Diese Forderung nach der gemeinschaftlichen Opferung an ein Leitbild und nach Überwindung des Subjektiven trägt die Grundzüge des Skorpion-Verhaltens, ganz gleich, in welchem Maße dies bewußt wird.

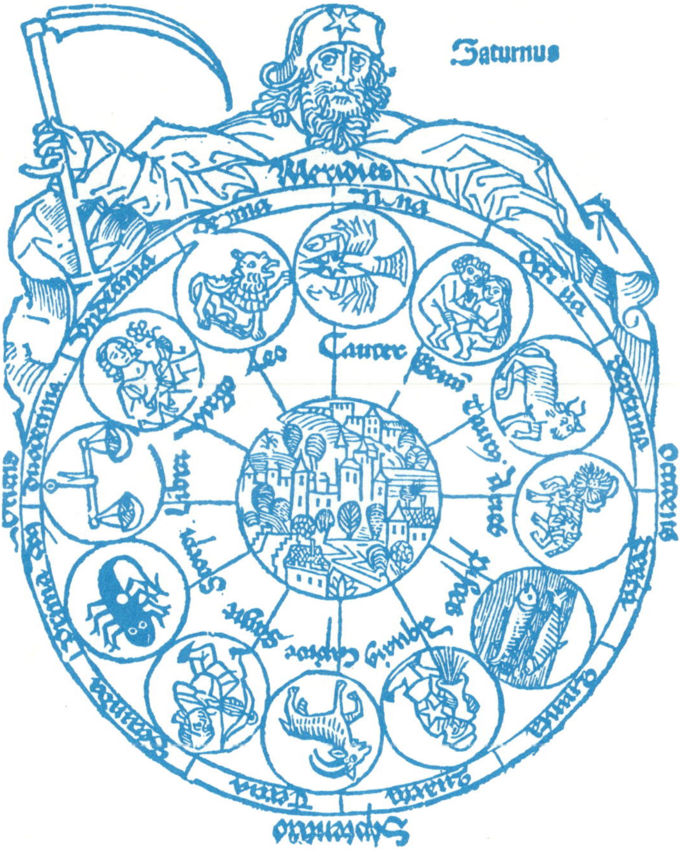

Als Herrscher des Jahres umfaßt Saturn den Tierkreis und die Erde, Titelbild einer Praktik um 1499

Während also der eine subjektiv lebendig, unmittelbar und spontan denkt und darin sein inneres Gleichgewicht findet, ist der andere von subjektiven Strömungen ungestört und unbehelligt und dementsprechend beherrscht, diszipliniert und prinzipiell von kühler Konsequenz und Härte des Handelns. Eine Auseinandersetzung beider ist dabei deshalb nicht fruchtbar und produktiv, weil sie sich gegenseitig daran hindern, im Element ihrer Anlagen und damit in ihrem Selbstverständnis zu leben.

Mit dem Satz: »Das Leben ist etwas, was überwunden werden muß« könnte der Reiz ausgedrückt sein, den ein Löwe auf einen Skorpion ausübt. Und den Löwen mag vielleicht die überlegene Distanz eines Skorpions zu trügerischen Beutegelüsten verführen. Fazit: zwei Giganten des Tierkreises, die sich gegeneinander erproben.

Skorpion und Jungfrau

Treffen Skorpion und Jungfrau zusammen, so entsteht auf Anhieb eine gegenseitige Faszination. Die Verhaltensweisen beider entsprechen einander so sehr, daß selbst bei einem ausschließenden Aszendenten immer noch ein Rest an Möglichkeit aufblitzt.

Zunächst geht es um die Herausforderung. »Hier stehe ich und kann nicht anders«, sagte Martin Luther stellvertretend für alle Skorpione. Das ist genau die Situation, auf die eine Jungfrau wartet. Zu ihrem Vergnügen kommt hinzu, daß sich ein Skorpion nicht unbedingt bemüßigt fühlt, sich der Umwelt oder überhaupt dem Leben mitzuteilen. Die Jungfrau findet hier ein weites Feld, ihrem Verhaltensinstrumentarium Aufgabe und Richtung zu geben. Sie ist fähig, die Eigenwilligkeit eines Skorpions gegen das Leben auszugleichen, ihn zu artikulieren. Seine Prinzipien, seine Würde oder Eigenart kommen dabei nicht zu Schaden, denn die Jungfrau regelt oder verändert nicht, sie stellt nur ihr Verhalten zur Verfügung. Man kann sich durch sie selbst interpretieren.

Dieser vollständige Umsatz ihrer aussteuernden Verhaltensanlagen bringt der Jungfrau Selbstverständnis, Sicherheit und Ausgewogenheit. Es ist dies der Boden, auf dem sie ihre besten Eigenschaften entwickeln kann. Umgekehrt fühlt sich der Skorpion aus der Isolation geholt, die bei ihm nur zu leicht durch leitbildhaftes oder zu prinzipielles Handeln entsteht. Er fühlt sich ausgesprochen.

Bei dieser Übereinkunft der Verhaltensgrundlagen dürften sich auch die einzelnen Modalitäten und Eigenschaften entsprechen. Die Verbindung wäre also, zumindest als Ausgangsbasis, empfehlenswert.

Skorpion und Waage

Die Zeichen Waage und Skorpion folgen im Tierkreis unmittelbar aufeinander. Sie sind sich also noch nahe verwandt – zu nahe. Erfahrungsgemäß steht man gerade den Entwicklungsstufen verständnislos gegenüber, die man selbst gerade erst überwunden hat. So jedenfalls geht es in dieser Verbindung dem Skorpion.

Während die Waage sich noch begeistern lassen und Interessenräume erobern will, hat der Skorpion längst sein Leitbild, sein Prinzip, nach dem er lebt, gefunden. Ihm ist die Waage geistig zu disziplinlos, zu voraussetzungslos. Es kommt hinzu, daß die Waage zudem noch den Hang hat, andere mit ihren Ideen zu beschäftigen. Sie will auch in der Ehe managen. Wenn dann die Waage auch noch der weibliche Teil ist, kann das recht kapriziös werden. Dem Skorpion behagt das nicht. Er will, daß seinem Leitbild, seinem Prinzip außer ihm selbst auch noch andere dienen – vornehmlich seine Partner. Er will, gleichsam als Hohepriester seines Leitbildes, maßstäblich und bestimmend für die Richtlinien seiner Ehe sein, sich aber auf keinen Fall durch andere Menschen oder deren Ideen und Vorstellungen anheizen lassen. Wer nämlich neben den Prinzipien des Skorpions auch noch andere Ideen und Interessenreize sucht, ist für ihn ein Verräter. Der Skorpion verlangt geistige Treue. Da jedoch im Alltag, ja selbst in nebensächlichsten Dingen, immer auch die Urmotive des Verhaltens durchschimmern, wird man sich oft schon bei Kleinigkeiten streiten, ohne vielfach zu wissen, warum.

Skorpion und Skorpion

Gleiche Verhaltensweisen sind meist wie ein Spiegel. Man erkennt sich im anderen wieder. Sieht man einmal vom Aszendenten, also von der Geburtsstunde, ab, so dürfte eine Verbindung zwischen zwei Skorpionen nicht sehr befriedigend sein.

Skorpione leben in Vorstellungen, Leitbildern, die sie auf ihre Partner übertragen wollen. Da sie in der gleichgearteten Zweisamkeit keine Abnehmer finden, sind sie wie zwei Einzelgänger

Arabische Tierkreisdarstellung mit den zwölf Gestalten der Sternbilder, Götterbilder und Tiersymbole sowie den sieben Gottheiten der Planeten. In der Mitte der Schicksalsvogel

im gleichen Revier – sie müssen sich nach außen orientieren. Weil aber für jeden Skorpion gerade die geistige Übereinstimmung der Maßstab für das Zusammengehörigkeitsgefühl ist, besteht auf die Dauer die Gefahr, daß man sich auseinanderlebt oder aber in einen mehr und mehr unwirklich werdenden Narzißmus verfällt.

Gerade bei Verbindungen des gleichen Zeichens muß immer wieder gesagt werden, daß die Geburtsstunde (Aszendent) besonderes Gewicht erhält, also fördern und ausgleichen kann.

Skorpion und Schütze

Verbindungen von Schütze und Skorpion bieten auf Grund der Verhaltensweisen keine idealen Voraussetzungen für eine dauerhafte Bindung. Ausnahmen mögen die Regel bestätigen.

Das Problem liegt vor allem darin, daß der Schütze in seinem Expansionsdrang die Grundsätzlichkeit des Skorpions behindert. Der Schütze ist ein Bewegungsnaturell und ständig damit beschäftigt, Eindrücke zu sammeln, um erst viel später zu sehen, ob sie sich koordinieren lassen. Er will die Bewegung in das Neue, ist zudem geistig verspielt und eher spekulativ. Und weil sich dies alles auch im täglichen Verhalten niederschlägt, bleibt für einen Skorpion nicht mehr viel an Übereinstimmung. Der Skorpion braucht die neuen Eindrücke nämlich nicht als Brennstoff, sondern höchstens dazu, sie seinem festen Denkmodell einzuverleiben, um es hier und dort auszupolstern. Er hat seinen fixierten geistigen Status.

Den grundsätzlichen Unterschied zeigt wohl am besten das gegensätzliche Verhaltensmuster beider im Falle einer Krise. Das Wasserzeichen Skorpion wird dann verharren, Sicherheit in Konzentration und Erstarrung finden. Das Feuerzeichen Schütze wird seinem Selbstverständnis nach jede Krise in Bewegung, expansiven Drang umsetzen. Bewegung hebt bei ihm die Angst auf. Also besteht schon allein deshalb die Gefahr, daß zumindest bei ernster Belastung grundsätzliche Divergenzen auftauchen.

Skorpion und Steinbock

Verbindungen zwischen Skorpion und Steinbock sind etwa mit dem Verhältnis zwischen Produktion und Großhandel zu vergleichen.

Der Steinbock will seinem Verhaltensnaturell nach sich mit den Maßstäben der Gemeinschaft identifizieren und regelnd bis maßregelnd dafür eintreten. Was er also braucht und sucht, sind Maßstäbe, die sich auch vertreten lassen. Er will und muß die Sicherheit seines Verhaltens hieraus ableiten.

Neuere Fassung einer mittelalterlichen französischen Darstellung der zwölf Tierkreiszeichen in Verbindung mit den jeweils dazugehörigen landwirtschaftlichen Tätigkeiten. In der Mitte eine alte Sonnenuhr. 1. Der Widder mit Rebstockpflege und Verschneiden der Bäume und Sträucher. 2. Der Stier mit dem Schneiden des ersten Grüns für die Maifeier. 3. Die Zwillinge mit der Falkenjagd. 4. Der Krebs mit der Heuernte. 5. Der Löwe mit dem Mähen des Getreides. 6. Die Jungfrau mit dem Dreschen des Getreides. 7. Die Waage mit dem Keltern des Weins. 8. Der Skorpion mit der Aussaat für das nächste Jahr. 9. Der Schütze mit der Schweinemast. 10. Der Steinbock mit dem Schlachtfest. 11. Der Wassermann mit dem Festmahl zu Ehren des zweigesichtigen römischen Gottes Janus. 12. Die Fische mit dem Ausklang der winterlichen Ruhezeit.

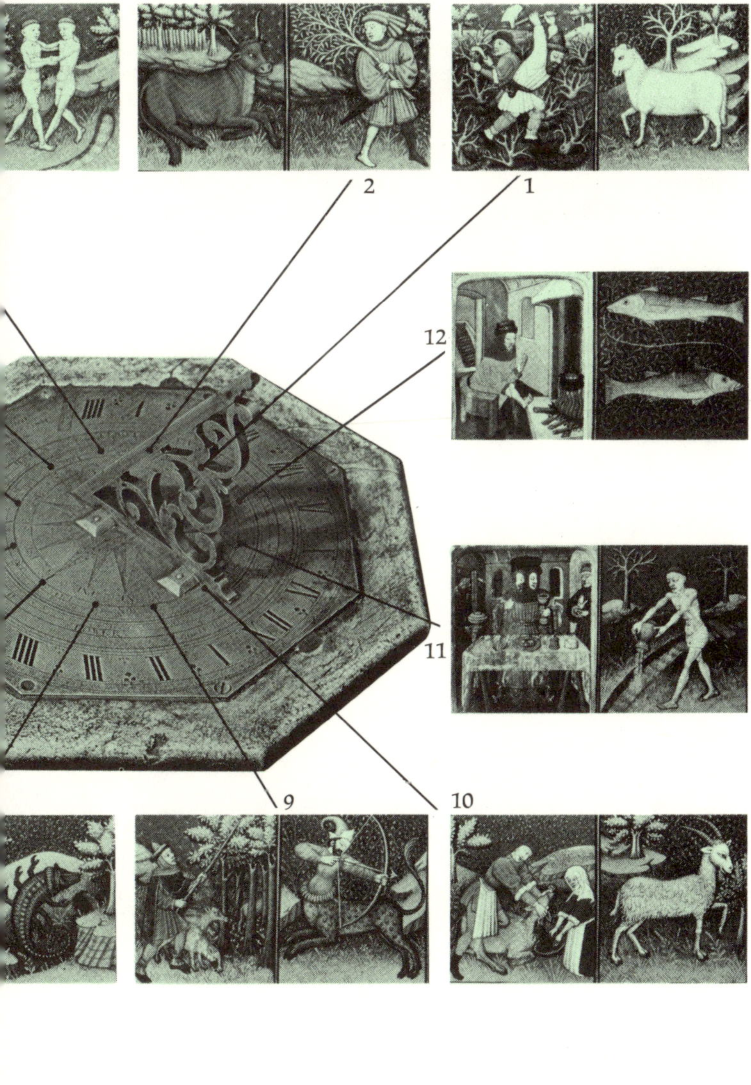
2
1
12
11
9
10

Der Skorpion ist in diesem Fall der Produzent. Seine Denkmodelle sind perfekt. Und weil er so schwer jemanden findet, der die Konsequenzen seiner Konzepte entsprechend grundsätzlich in das Leben überträgt, ist er mit dem Steinbock gut beraten. Der Steinbock gehört zu den wenigen, die es dem Skorpion rechtmachen können. Beide leben also Hand in Hand, wobei der Steinbock nach außen als der Dominantere erscheinen mag. Der Skorpion ist dabei allerdings die graue Eminenz der Verbindung. Außerdem ist er derjenige, der die größere Kapazität an Humor besitzt. Nicht zuletzt reizt ihn der Ernst des Steinbocks bisweilen dazu heraus.

Skorpion und Wassermann

Nach der astrologischen Regel sollten die Verhaltensweisen von Skorpion und Wassermann nicht zueinander passen. Vielfach kann jedoch hier der jeweilige Aszendent (Geburtsstunde) ausgleichen.

Im allgemeinen stehen hier Urrudimente gegeneinander. Das zeigt sich schon im Verhältnis zu Türen und Fenstern, auch im übertragenen Sinne. Der Wassermann, das Urrudiment des Vogels, ist verständlicherweise für offene Türen und Fenster. Er ist Frischluftfanatiker, der die Sauerstoffzufuhr für seine Konstitution dringend braucht. Er sucht die offene Tür ebenso wie die Öffnungen des Lebens.

Ein Skorpion kann Zugluft nicht ertragen. Sie würde seine feinmaschigen und geordneten Denkfäden stören. Er liebt die geschlossenen Räume, ein abgegrenztes Revier. Unabgeschlossene Bereiche und offen gebliebene Situationen erträgt er nicht, nicht einmal im Detail. Schon offen gelassene Zahnpasta-Tuben reizen ihn.

Allein in diesem Punkte, der schon vollauf für Streitigkeiten genügt, spiegeln sich die Unterschiede der jeweiligen Urerfahrung.

Im Wassermann findet sich das Symbol der Freiheit, der Aufhebung von bewegungsstörenden Blockierungen. Nur ungebunden wird er mit sich identisch. Das Denkmodell des Skorpions, gerade wenn es aus schöpferischer Eigenständigkeit kommt, ist

Die astrologischen Elemente des Horoskops, Holzschnitt von Erhard Schön zu einem Kalender von 1515

dem Wassermann konträr. So steht Lust nach Abwechslung und Unabhängigkeit gegen Folgerichtigkeit und Beziehungsfreiheit gegen äußerste Bezogenheit im Handeln.

Engel mit Sonnenuhr, Skulptur um 1145/1155 an der Kathedrale von Chartres, Frankreich

Skorpion und Fische

In der Verbindung Skorpion und Fische treffen zwei Wasserzeichen aufeinander. Die Ebene der Weltbetrachtung würde also übereinstimmen. Mit anderen Worten: Ein Fisch schöpft sein Sicherheitsgefühl nicht aus dem Vertrauen in die konkrete Umwelt und ihre Formen, denn er hat eben schon einige Erfahrung hinter sich. Er kann deshalb leicht verzichten, ohne dabei aus dem inneren Gleichgewicht zu kommen. Die Folge im Verhalten ist eine gewisse überlegene Lässigkeit dem Leben gegenüber. Was ihn interessiert, sind indirekte Zusammenhänge. Er lebt in all den Möglichkeiten, die in das Stadium des Konkreten noch nicht übergegangen sind.

Nicht zuletzt hier treffen sich die Interessengebiete und Verhaltensauswirkungen mit einem Skorpion. Der Skorpion will sich disziplinieren. Sicherheitsgefühl und Selbstbestätigung erfährt er darin, das Leben zu überwinden. Für ihn ist das noch eine Leistung, und ihn erstaunt der mühelose Verzicht des Fischs.

Jedenfalls werden sich beide nicht raufen, werden um gemeinschaftliche Dinge nicht streiten, bis in kleinste Details einander verstehen. Das gilt ebenso für Fragen der Wohnungseinrichtung wie für die Beurteilung der Umwelt. Einzig das etwas fanatische Festhalten eines Skorpions am Denkmodell geht am Fisch vorbei. Amüsiert schaut er zu, wie der Skorpion überwindet und sich stählt, wobei er selbst davon unbetroffen bleibt, denn erstens hat noch niemand einen Fisch verpackt, zweitens, was sollte ein Skorpion beim leichten Verzicht des Fischs schon überwinden? Alles in allem sind beide also durchaus füreinander geeignet.

Himmelsglobus von 1584

Der Skorpion in den zwölf Häusern

Trotz der gleichen Verhaltensgrundlage ist nicht Skorpion gleich Skorpion; das wissen Sie selbst. Wir wollen Sie deshalb noch ein Stückchen näher an Ihren astrologischen Platz heranführen. Eine allgemeine Kurzcharakteristik soll Sie mit den zwölf Zeitstationen des Tages vertraut machen. Diese Stationen der astrologischen Häuser entsprechen in etwa auch den Stationen der Tierkreiszeichen.

Wir haben die jeweiligen Stationen vereinfacht in einem Baukastensystem mit Element-Formeln dargestellt, damit das Ganze leicht verständlich und mühelos nachvollziehbar ist.

Selbstverständlich kann es sich dabei nur um ein stark reduziertes Grundschema handeln, denn zu einer grundsätzlichen Deutung gehört ja auch die Einbeziehung der Planeten; und die sind selbst dann bei jedem Menschen anders über den Tierkreis verteilt, wenn die Übereinstimmung in der jeweiligen Tages-Station der Sonne gegeben ist.

Aber schon eine Übereinstimmung in der Tages-Station der Sonne läßt ein Grundbild erkennen. Wir teilen nach der Methode der Münchner Rhythmenlehre folgendermaßen ein:

Aszendent:
Das Zeichen, das am Aszendenten steht, ergibt sich aus der Geburtsstunde. Sie können das unseren Schema-Horoskopen jeweils entnehmen oder auch nach den Tabellen auf Seite 105–112 errechnen.

Das Zeichen am Aszendenten stellt die Anlagen dar, es umreißt die Möglichkeiten zur Erlebnisform. Diese Anlagen sind, wie im Märchen, noch unbeweglich, unlebendig und ›unerlöst‹.

Sonne:
Sie finden die Sonne in ihrer jeweiligen Tages-Station,sprich Haus, entsprechend Ihrer Geburtsstunde in unseren Schema-Horoskopen.

Die Sonne zeigt das Verhalten, das die noch unlebendigen Anlagen zum Leben erweckt. Die Sonne umreißt die Ebene, auf der sich das Leben vollzieht. Es ist der Aufgabenweg, der beschritten werden muß, um erlöst zu werden.

Aber: Die Sonne kann immer nur das zum Leben erwecken, was als Anlage im Zeichen des Aszendenten gegeben ist. Dazu sucht sich dann das Verhalten die notwendigen Lebenssituationen einschließlich aller Umwege.

Nachfolgend dazu ein Schema-Beispiel:

Pablo Picasso, geboren am 25. Oktober 1881 zwischen 22^{00}–0^{30}

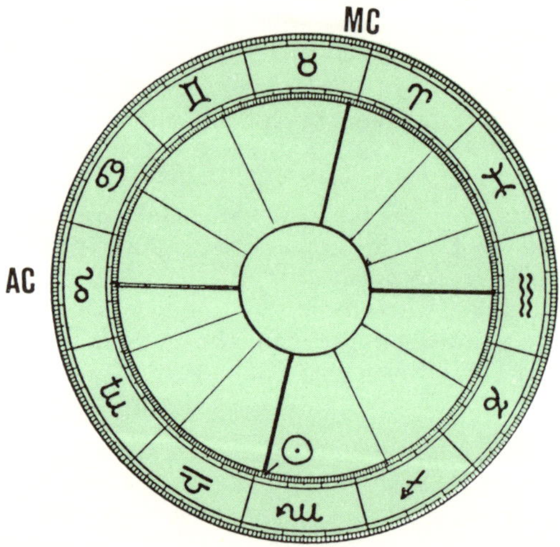

Zuständig ist also das Horoskopschema auf Seite 85, auf dessen linker Seite Sie den Aszendenten Löwe sehen, während die Sonne im vierten Haus steht.

Der Aszendent steht also im Zeichen Löwe. Nun können Sie auf Seite 88 bei den Entwicklungsstadien über die 5. Phase (Löwe bzw. 5. Haus) nachlesen. Sie finden als Merkmal die »seelische Verausgabung« und den »unmittelbaren Gestaltungstrieb«. Hierdurch wird die Anlage markiert.

Diese Anlage wird nun auf die Art und Weise zum Leben erweckt, wie es die Sonnenstation als Zeichen des Verhaltens zuläßt.

Wir lesen also den Text der 4. Phase (Krebs bzw. 4. Haus) und finden im Sinne der Verhaltenstätigkeit: »Besinnung auf das Wesentliche« und »sich in eine Ausdrucksform bringen wollen«.

Nachdem für diese Verhaltenstätigkeit nichts anderes zur Verfügung steht als »unmittelbarer Gestaltungstrieb«, wird der künstlerische Gestaltungs- und Schaffensdrang Pablo Picassos hinreichend deutlich.

Da die Sonne dabei im Zeichen Skorpion steht, geht es um strukturelle Motivationen und die Auseinandersetzung um die Verwindung des Persönlichen.

Daß dies bei Picasso auf so bedeutende und maßstäbliche Art geschieht, liegt vor allem daran, daß die Planeten Jupiter und Saturn, die zum Zeichen Schütze bzw. Steinbock im fünften bzw. sechsten Hause des Geburtsbildes von Picasso gehören, in der 10. Phase oder im 10. Haus stehen. Sie umreißen den Gestaltungstrieb sowie den Anpassungsweg Picassos als »maßstäblich über die eigene Person hinaus«.

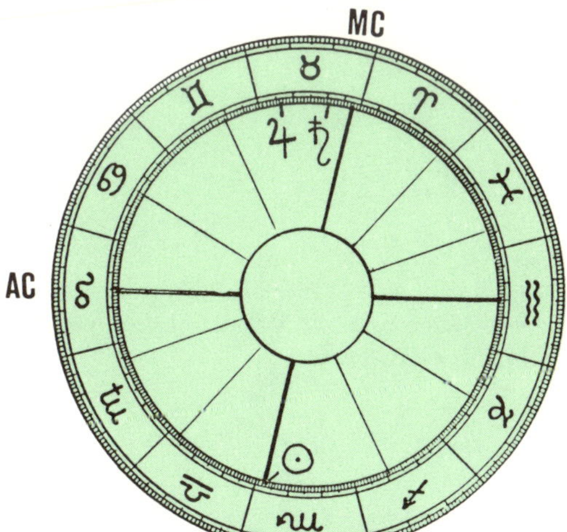

Sollten Sie ein individuelles Horoskop besitzen und somit die Möglichkeit haben, weiter unter Einbeziehung der Planeten strukturbasteln zu können, seien hier die Planeten genannt, die zum jeweiligen Aszendentenzeichen gehören:

Mars	♂	zum Aszendenten Widder =	♈
Venus	♀	zum Aszendenten Stier =	♉
		und zum Aszendenten Waage =	♎
Merkur	☿	zum Aszendenten Zwillinge =	♊
		und zum Aszendenten Jungfrau =	♍
Mond	☽	zum Aszendenten Krebs =	♋
Sonne	☉	zum Aszendenten Löwe =	♌
Pluto	♇	zum Aszendenten Skorpion =	♏
Jupiter	♃	zum Aszendenten Schütze =	♐
Saturn	♄	zum Aszendenten Steinbock =	♑
Uranus	♅	zum Aszendenten Wassermann =	♒
Neptun	♆	zum Aszendenten Fische =	♓

Um Irrtümern vorzubeugen: Das Horoskop macht oder beeinflußt nicht die Anlagen bzw. das Verhalten, sondern ist vielmehr ein Anlagemodell, ein Gleichnis.

1. Haus:

Alle Anlagen, die in den sichtbaren Bereich treten. Der Trieb, sich in der konkreten Welt durchzusetzen. Die Durchsetzung des eigenen Selbstverständnisses. Man hat sich selbst am nötigsten.

Aszendent

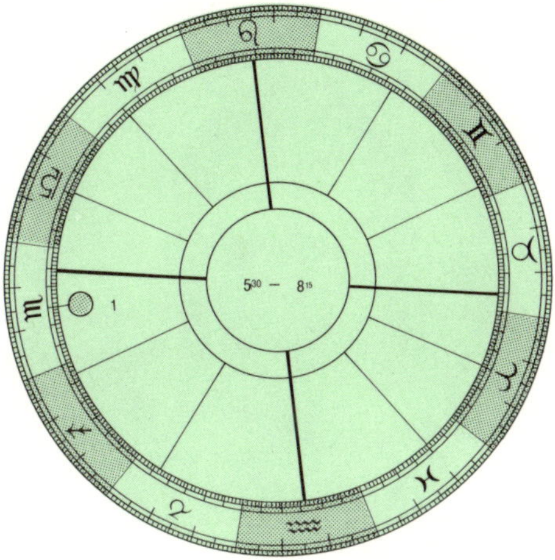

Geburtszeit: etwa 5^{30}–8^{15}
Sonne Haus 1 mit Aszendent Skorpion: Grazia Patrizia

Skorpion-Sonne Haus 1

Das Skorpion-Verhalten drängt die Anlagen zur Durchsetzung der eigenen Person. Also: Selbstdurchsetzung mit unbedingter Leitbildhaftigkeit.

Zur Verfügung stehen:

a) Anlage Aszendent Waage (siehe S. 92). Die ideelle Herausforderbarkeit und Begeisterungsfähigkeit, der Drang nach Außerpersönlichem, zu Begegnung, Ergänzung und Ausgleich, die man (und durch die man sich) im realen Leben mit unbedingtem, leitbildhaftem Zielwillen als Person durchsetzen will und zur Maxime erhebt. Also selbst Symbol für leitbildhaften Zielwillen wird.

b) Anlage Aszendent Skorpion (siehe S. 94). Gebundenheit an außerpersönliche Notwendigkeiten, Vorstellungsbilder und Leitlinien, Leitbilder, die man (und durch die man sich) im realen Leben mit unbedingtem, leitbildhaftem Zielwillen als Person durchsetzen will und zur Maxime erhebt. Also selbst Symbol für leitbildhaften Zielwillen wird.

Notizen zu Grazia Patrizia

Die monegassische Fürstin Grazia Patrizia wurde am 12. November 1929 in Philadelphia als Tochter eines amerikanischen Selfemade-Mannes geboren. Unter ihrem bürgerlichen Namen Grace Kelly wurde sie als Filmschauspielerin zum Star. Ihre bekanntesten Filme sind »High Noon«, »Das Fenster zum Hof«, »Ein Mädchen vom Lande« und »Die oberen Zehntausend«.

1956 heiratete Grace Kelly den Fürsten Rainier III. von Monaco. Aus der Kombination von Skorpion-Sonne und Skorpion-Aszendent ist Fürstin Grazia Patrizia selbst Symbol für leitbildhaften Zielwillen geworden. Ihr Lebensweg erscheint geradlinig und ungebrochen.

2. Haus:

Man ordnet sich im sichtbaren Bereich und grenzt ab, um aus dem Durchgesetzten einen Bestand zu machen. Als Folgeerscheinung setzt sich eine planmäßige, konkrete Lebensordnung fest.

Geburtszeit: etwa 2^{45}–5^{30}
Sonne Haus 2 – anfangs: Aszendent Jungfrau
später: Aszendent Waage

Aszendent

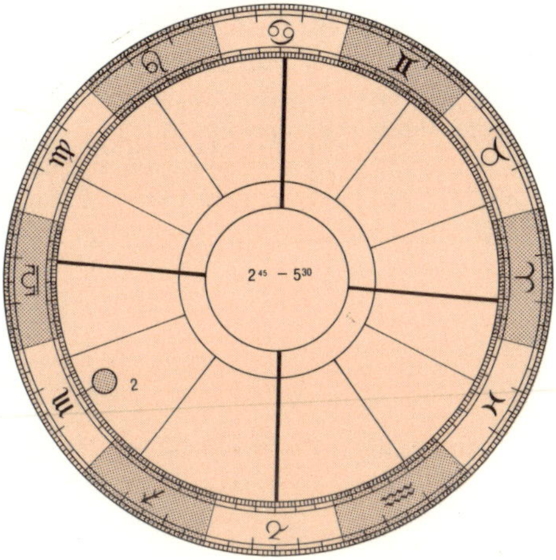

Skorpion-Sonne Haus 2

Das Skorpion-Verhalten drängt die Anlagen zur Verankerung und Sicherung im Sozialgefüge, zur planmäßigen konkreten Lebensordnung. Also: Selbstsicherung und Verankerung im Sozialgefüge mit den Mitteln leitbildhafter Vorstellungsgebundenheit für öffentlich-gesellschaftliche Notwendigkeiten. Dabei Interesse für Rechts- und Wirtschaftsfragen sowie für Bau- und Wohnformen.

Zur Verfügung stehen:

a) Anlage Aszendent Jungfrau (siehe S. 90). Die Beobachtung und Wahrnehmung der seelischen Abhängigkeit von Lebensbedingungen, deren Aussteuerung (Vorsorge zur Sicherung des Lebens), die man (und durch die man sich) im herrschenden Sozialgefüge wie im gesellschaftlichen Bereich mit konsequenter Leitbildhaftigkeit durchsetzen und in ein Ordnungsverhältnis bringen will. Lebenssicherungs- und Vorsorgeberufe.

b) Anlage Aszendent Waage (siehe S. 92). Die Herausforderbarkeit und Begeisterungsfähigkeit, der Drang nach Außerpersönlichem, zu Begegnung, Ergänzung und Ausgleich, die man (und durch die man sich) im herrschenden Sozialgefüge wie im gesellschaftlichen Bereich mit konsequenter Leitbildhaftigkeit durchsetzen und in ein Ordnungsverhältnis bringen will. Lebenssicherungs- und Vorsorgeberufe.

3. Haus:

Nachdem man sich angesiedelt und in seiner Ordnung gefunden hat, sucht man Verbindung zur umliegenden realen Welt. Es sind dies alle Anlagen, die konkret in der Umwelt wirksam werden, alle Funktionen, die man braucht, um sich in der sichtbaren Welt zu bewegen: Bewegung, Wort, Sprache als Konkretes.

Aszendent

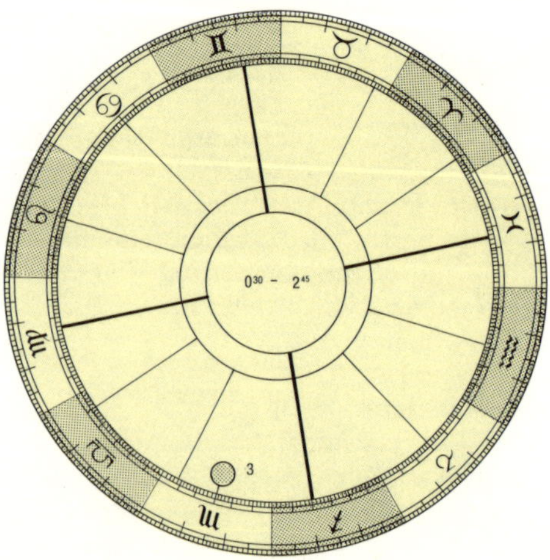

Geburtszeit: etwa 0^{30}–2^{45}
Sonne Haus 3 – anfangs: Aszendent Löwe
später: Aszendent Jungfrau

Albert Camus

Beispiel:
Sonne Haus 3 mit Aszendent Löwe: Albert Camus

Skorpion-Sonne Haus 3

Das Skorpionverhalten drängt die Anlagen in die Repräsentation, in die konkrete Darstellung. Also: Selbstdarstellung und Repräsentation mit den Mitteln leitbildhafter Vorstellungsgebundenheit.

Zur Verfügung stehen:

a) Anlage Aszendent Löwe (siehe S. 88). Das ist der unmittelbare Lebens- und Ausdruckstrieb, die Lebenskraft und der Gestaltungsdrang, die man (und durch die man sich) in der Darstellung und Repräsentation von Leitbildern und Denkmodellen artikuliert und der Umwelt vermittelt.

b) Anlage Aszendent Jungfrau (siehe S. 90). Die Beobachtung und Wahrnehmung der seelischen Abhängigkeit von Lebensbedingungen, deren Aussteuerung (Vorsorge zur Sicherung des Lebens), die man (und durch die man sich) in der Darstellung und Repräsentation von Leitbildern und Denkmodellen artikuliert und der Umwelt vermittelt.

Notizen zu Albert Camus

Der Schriftsteller und Dramatiker Albert Camus wurde am 7. November 1913 in Algier geboren. Er entstammte einer französischen Arbeiterfamilie, studierte Philosophie, wurde Schauspieler, war dann als Journalist Mitbegründer der Résistance-Zeitung »Combat«, deren Redaktion auch Jean Paul Sartre angehörte. 1957 erhielt Albert Camus den Nobelpreis für Literatur. Im Alter von 47 Jahren verunglückte er bei einem Autounfall tödlich.

Für Albert Camus ist das Absurde Ausgangspunkt. Das Leben ist sinnlos, ungereimt. Erst durch diese Erkenntnis und das notwendige Erfüllen des Absurden hat man sein Schicksal in der Hand, hat man die »verschwiegene Freude des Siegs«. In diesem Sinne sieht Albert Camus die metaphysische Revolte des Menschen.

Albert Camus ist für die geistige Solidarität der Menschen eingetreten. Er war gegen jede Form der Gewaltanwendung, von Despotismus und Haß. Während der Zeit als Mitarbeiter des Combat in der Résistance veröffentlichte er »Briefe an einen deutschen Freund«, um über Nationalitäten hinweg die notwendige Solidarität des Menschen gegen despotische Formen deutlich zu machen. Seine bekanntesten Werke sind »Sisyphus«, »Caligula« und »Die Pest«.

4. Haus:

Die ›räumliche‹ Funktion hat die strukturell zur Verfügung stehenden Grenzen erreicht. Eine Weiterentwicklung ist nicht mehr möglich. Das wird als Krise empfunden. Also: Selbstbesinnung. Man bringt sich in Erfahrung. Die Seele konstituiert sich, bringt sich in Form, in ›Anwesenheit‹, und läßt sich in einer Form nieder. Das Wohnen, die Wohngemeinschaft als Seelisches. Das Wesen der Dinge begreifen.

Mit dem 4. Haus wird der Sektor verlassen, in dem es nur um die sichtbare Manifestierung geht.

Geburtszeit: etwa 22^{00}–0^{30}
Sonne Haus 4 – anfangs: Aszendent Krebs
später: Aszendent Löwe

Aszendent

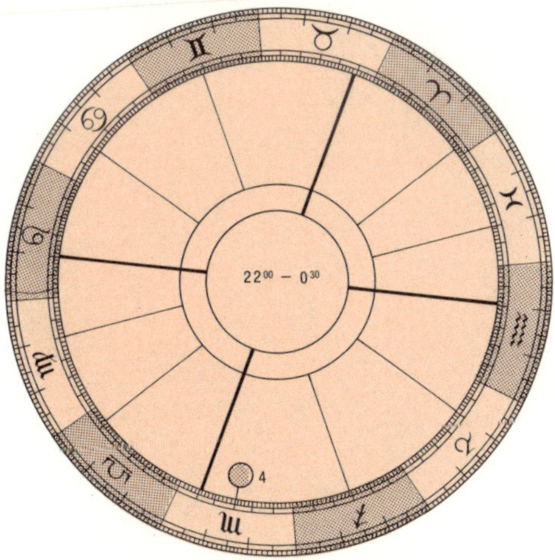

Beispiel:
Sonne Haus 4 mit Aszendent Löwe: Pablo Picasso

Skorpion-Sonne Haus 4

Das Skorpion-Verhalten drängt die Anlagen zur Verinnerlichung. Also: seelische Entfaltung und Besinnung auf das

Pablo Picasso

Wesentliche, die Suche nach einer leitbildhaften, ideell strukturierten Ausdrucksform.

Zur Verfügung stehen:

a) Anlage Aszendent Krebs (siehe S. 85). Die Empfindung, die Besinnung auf das Wesentliche, auf innere und inhaltliche Zusammenhänge (auf das Wesen der Dinge und des Lebens), die man (und durch die man sich) in eine Ausdrucksform bringt, strukturell ordnet und ideell artikuliert.

b) Anlage Aszendent Löwe (siehe S. 88). Das ist der unmittelbare Lebens- und Ausdruckstrieb, die Lebenskraft und der Gestaltungsdrang, die man (und durch die man sich) in eine Ausdrucksform bringt, strukturell ordnet und ideell artikuliert.

Notizen zu Pablo Picasso

Der Maler Pablo Picasso wurde am 25. Oktober 1881 in Malaga als Sohn des baskischen Zeichenlehrers José Blasco und der Genueserin Maria Picasso geboren und starb am 8. 4. 1973 an der Côte d'Azur. Schon als Kind soll er ausstellungsreif gezeichnet und gemalt haben. Picasso kam mit 19 Jahren nach Paris und fiel dort sehr schnell durch seine hohe zeichnerische Begabung auf.

Picasso band seine Eigenart nicht an eine bestimmte Stilform. Er durchwanderte alle Stilformen vom klassischen Realismus bis zum Expressionismus, Kubismus und Surrealismus. Trotzdem ist seine Eigenart überall einheitlich und klar erkennbar.

Pablo Picasso zeichnete und malte in zeitlich fest umrissenen Perioden, so zum Beispiel in der blauen und in der rosa Periode. Er klebte jahrelang Collagen, töpferte – aber all dies fast immer ausschließlich. Auch die Themenkreise dieser Perioden waren immer einheitlich und fast leitbildhaft. In der sogenannten blauen Periode standen die Themen Elend und Traurigkeit im Mittelpunkt, in der rosa Periode waren es Harlekins und Zirkusthemen, später wieder Riesen und Frauen.

Die Eigenart der Picassoschen Bilder rührt vor allem von der Spannung zwischen der starken Kontur, der souveränen Linie und der bisweilen wie koloriert wirkenden Farbgebung her, die auf persönliche Schattierungen verzichtet. Dies weist auf den starken bewußten Willen (Löwe) bei persönlicher Distanz (Skorpion) hin.

5. Haus:

Aus der Selbstfindung erwächst der Lebens- und Ausdruckstrieb, der sich mitteilen, verausgaben, verbrauchen und unmittelbar leben will.

Geburtszeit: etwa 19^{30}–22^{00}
Sonne Haus 5 – anfangs: Aszendent Krebs
später: Aszendent Löwe

Aszendent

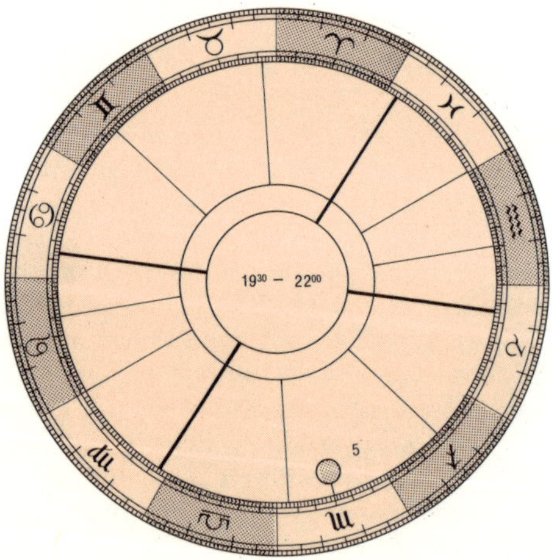

Beispiel:
Sonne Haus 5 mit Aszendent Krebs: Marie Antoinette

Skorpion-Sonne Haus 5

Das Skorpion-Verhalten drängt die Anlagen zur seelischen Verausgabung, zum Trieb, unmittelbar zu leben. Also: schöpferischer Ausdrucks- und Gestaltungstrieb, der sich nach starken Leitbildern und Vorstellungen orientiert.

Zur Verfügung stehen:

a) Anlage Aszendent Krebs (siehe S. 85). Die Empfindung, die Besinnung auf das Wesentliche, auf innere und inhaltliche Zusammenhänge, auf das Wesen der Dinge und des Lebens, die man (und durch die man sich) ausdrückt, gestaltet und nach leitbildhaft festen Vorstellungen ins unmittelbare Leben umsetzt.

b) Anlage Aszendent Löwe (siehe S. 88). Das ist der unmittelbare Lebens- und Ausdruckstrieb, die Lebenskraft und der Gestaltungsdrang, den man (und durch den man sich) ausdrückt, gestaltet und nach leitbildhaft festen Vorstellungen ins unmittelbare Leben umsetzt.

Notizen zu Marie Antoinette

Marie Antoinette wurde am 2. November 1755 in Wien als Tochter des Kaisers Franz-Joseph I. und Maria Theresias geboren. Mit 15 Jahren wurde sie mit dem Dauphin und späteren König der Franzosen, Ludwig dem XVI., vermählt.

Als französische Königin wurde Marie Antoinette mit der Zeit unbeliebt. Lebensfroh, vielfach leichtsinnig, im Lebensgenuß total und auf Vorstellungen fixiert, wurde ihr Ruf im französischen Volk zum Teil auch zu Unrecht untergraben.

In Verbindung mit der bewaffneten Gegenrevolution durch England, Österreich und Preußen hoffte Marie Antoinette auch noch nach der Entmachtung des Königtums 1789 auf Wiederherstellung der Monarchie. Doch nach dem endgültigen Sturz des Königtums durch das französische Volk und dem Durchbruch des Radikalismus 1792 wurde die Königin nach dem König als Witwe Copet vom Revolutionstribunal zum Tode verurteilt und auf der Guillotine hingerichtet. Den Weg zur Richtstätte ertrug sie in fester Haltung.

Königin Marie Antoinette von Frankreich

6. Haus:

Es zeigt sich sehr schnell, daß sich der subjektive Trieb hart im Raum trifft. Folge: Aussteuerung des Lebenstriebes gegenüber den gegebenen Bedingungen, um die Lebensfähigkeit zu erhalten. Betonte Vernunft. Also alle Anlagen, die Lebensbedingungen und Umwelt wahrnehmen und beobachten, untersuchen und sich ihnen gegenüber ›aussteuern‹. Seelisches Kalkül zur Nutzung der Umwelt.

Geburtszeit: etwa 17^{00}–19^{30}
Sonne Haus 6 – anfangs: Aszendent Stier
später: Aszendent Zwillinge
dann: Aszendent Krebs

Aszendent

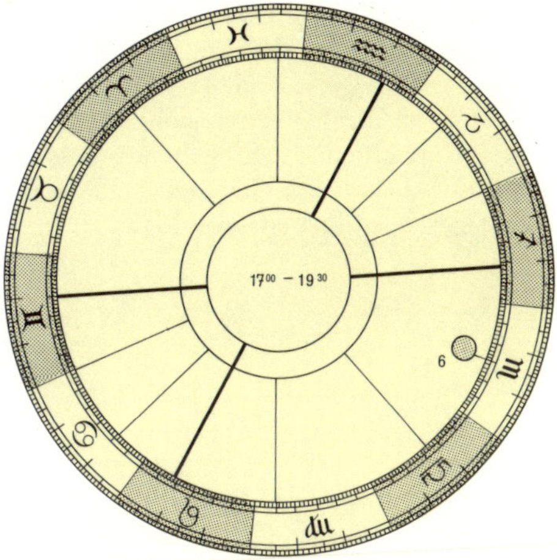

Skorpion-Sonne Haus 6

Das Skorpion-Verhalten drängt die Anlagen zur Beobachtung und Vergewisserung der Umwelt- und Lebensbedingungen. Also: Die Beobachtung und Wahrnehmung der Umwelt, um sich ihr gegenüber nach strukturierten Vorstellungen und Verhaltensmodellen auszurichten.

Zur Verfügung stehen:

a) Anlage Aszendent Stier (siehe S. 80). Die Verankerung und Sicherung in der sozialen Gemeinschaft, die konkrete Lebensordnung, die Formen des realen Lebens und seine Werte, die man (und durch die man sich) in Wahrnehmung und Nutzung der Umwelt- und Lebensbedingungen anstrebt und in kompromißloser und konsequenter Weise leitbildhaft durchsetzt.

b) Anlage Aszendent Zwillinge (siehe S. 82). Das ist die funktionelle Entfaltung, die Erschließung und Beschreibung des Umkreises, die man (und durch die man sich) in Wahrnehmung und Nutzung der Umwelt- und Lebensbedingungen anstrebt und in kompromißloser und konsequenter Weise leitbildhaft durchsetzt. Interesse für arbeitstechnische Abläufe.

c) Anlage Aszendent Krebs (siehe S. 85). Die Empfindung, die Besinnung auf das Wesentliche, auf innere und inhaltliche Zusammenhänge, auf das Wesen der Dinge und des Lebens, die man (und durch die man sich) in Wahrnehmung und Nutzung der Umwelt- und Lebensbedingungen anstrebt und in kompromißloser und konsequenter Weise leitbildhaft durchsetzt. Interesse für Arbeitssoziologie.

7. Haus:

Nun hat man festgestellt, daß es auch noch andere gibt. Man hat sie erstmals bewußt wahrgenommen. Man merkt, es gibt auch andere ›Selbstverständnisse‹. Also: Es kommt zum Erlebnis der echten Begegnung. Die Anlagen: Begegnungsfähigkeit und Herausforderbarkeit. Über eigene Zweckdienlichkeit oder subjektive Triebwünsche hinaus begreift man den anderen in seiner Art. Begegnung, Hingabe (Ideen).

Damit wird der Sektor verlassen, der zur subjektiven (seelischen) Selbstfindung und ihren Folgen gehört.

Aszendent

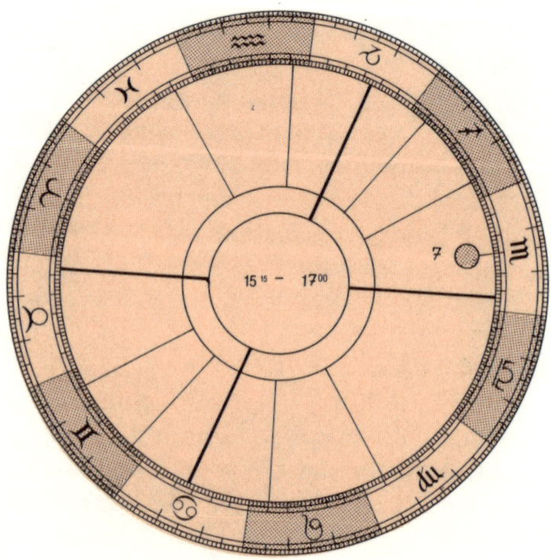

Geburtszeit: etwa 15^{15}–17^{00}
Sonne Haus 7 – anfangs: Aszendent Fische
später: Aszendent Widder
dann: Aszendent Stier
Beispiel:
Sonne Haus 7 mit Aszendent Stier: Indira Gandhi

Skorpion-Sonne Haus 7

Das Skorpion-Verhalten drängt die Anlagen in die Herausforderbarkeit und Begegnungsfähigkeit. Also: Herausforderbarkeit durch andere Selbstverständnisse, durch Ideen und Leitbilder.

Zur Verfügung stehen:
a) Anlage Aszendent Fische (siehe S. 102). Das ist die Sensibilität und Empfänglichkeit für indirekte Zusammenhänge und Hintergründe des Lebens, die Erlösung von vordergründiger Vernunft und Anpassung, die man (und durch die man sich) artikuliert, ideell ausrichtet und leitbildhaft lebt.

b) Anlage Aszendent Widder (siehe S. 78). Das ist die energische und aggressive Herausforderung und Infragestellung, die man (und durch die man sich) artikuliert, ideell ausrichtet und leitbildhaft lebt.

c) Anlage Aszendent Stier (siehe S. 80). Die Verankerung und Sicherung in der sozialen Gemeinschaft, die konkrete Lebensordnung, die Formen des realen Lebens und seine Werte, die man (und durch die man sich) artikuliert, ideell ausrichtet und leitbildhaft lebt.

Notizen zu Indira Gandhi

Die derzeitige Ministerpräsidentin Indiens, Frau Indira Gandhi, wurde am 19. November 1917 als Tochter des ehemaligen Ministerpräsidenten Dschawahalal Nehru geboren. Sie trat 1938 der Kongreßpartei bei, nachdem sie vorher auf sozialem und kulturellem Gebiet tätig gewesen war. 1942–43 war sie in britischer

Indira Gandhi

Haft. Seit der indischen Unabhängigkeit 1947, als ihr Vater erster Ministerpräsident Indiens wurde, war sie an der Seite ihres Vaters als dessen persönliche Begleiterin tätig. 1959 wurde Indira Gandhi Präsidentin der Kongreßpartei, 1964 Ministerin für Information und Rundfunk, schließlich 1966 Ministerpräsidentin Indiens.

Indira Gandhi war verheiratet mit dem inzwischen verstorbenen Firoze Gandhi, der nicht mit dem indischen Freiheitsführer Mahathma Gandhi verwandt war.

8. Haus:

Man hat das Selbstverständnis oder die Notwendigkeit, aus der anderes existiert, erkannt. Also: Bindung und Verpflichtung an die Notwendigkeit des anderen oder an außerpersönliche Vorgänge. Eigentlich der Vorgang, sich an ein anderes Zentrum als das eigene zu verpflichten. Anlagen: Verpflichtungs- und Bindungstreue, ideelles Eintreten für Notwendigkeiten anderer, sich anderem verpflichten bis zu Fanatismus und Vorstellungsgebundenheit.

Geburtszeit: etwa 13^{45}–15^{15}
Sonne Haus 8 – anfangs: Aszendent Wassermann
später: Aszendent Fische
dann: Aszendent Widder

Aszendent

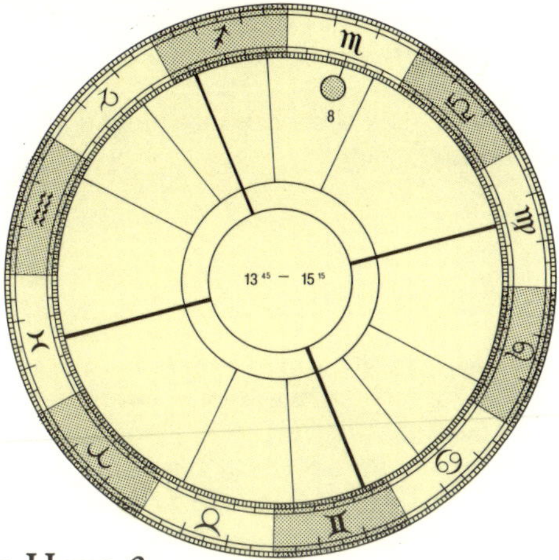

Skorpion-Sonne Haus 8

Das Skorpion-Verhalten drängt die Anlagen zur Verpflichtung und Bindung an außerpersönliche Belange und Notwendigkeiten, zu Vorstellungen über anderes Leben. Also: Verpflichtung an außerpersönliche Notwendigkeiten, Belange und Bedürfnisse mit starker Leitbildhaftigkeit.

Zur Verfügung stehen:

a) Anlage Aszendent Wassermann (siehe S. 101). Das ist die Aufhebung von bisherigen Maßstäben und Grenzen, Unterschieden und Traditionen (um sich aus allgemeiner Abhängigkeit herauszuheben und zu befreien), die man (und durch die man sich) für Notwendigkeiten, Belange und Bedürfnisse anderer konsequent einsetzt, strukturiert und zum Prinzip macht.

b) Anlage Aszendent Fische (siehe S. 102). Das ist die Sensibilität und Empfänglichkeit für indirekte Zusammenhänge und Hintergründe des Lebens, die Erlösung von vordergründiger

Vernunft und Anpassung, die man (und durch die man sich) für Notwendigkeiten, Belange und Bedürfnisse anderer konsequent einsetzt, strukturiert und zum Prinzip macht.

c) Anlage Aszendent Widder (siehe S. 78). Das ist die energische und aggressive Herausforderung und Infragestellung, die man (und durch die man sich) für Notwendigkeiten, Belange und Bedürfnisse anderer konsequent einsetzt, strukturiert und zum Prinzip macht.

9. Haus:

Man ist über sich hinausgewachsen, das zahlt sich jetzt aus. Einsichten werden gewonnen, Zusammenhänge werden klar, das Verständnis wächst. Die Welt wird weit, der unbeengte, unbegrenzte Denkraum weckt Begeisterung. Also: alle Anlagen zur Einsichtsfähigkeit, zum Denken, das sich nicht um die eigenen Belange kümmert.

Geburtszeit: etwa 12^{30}–13^{45}
Sonne Haus 9 – anfangs: Aszendent Steinbock
später Aszendent Wassermann

Aszendent

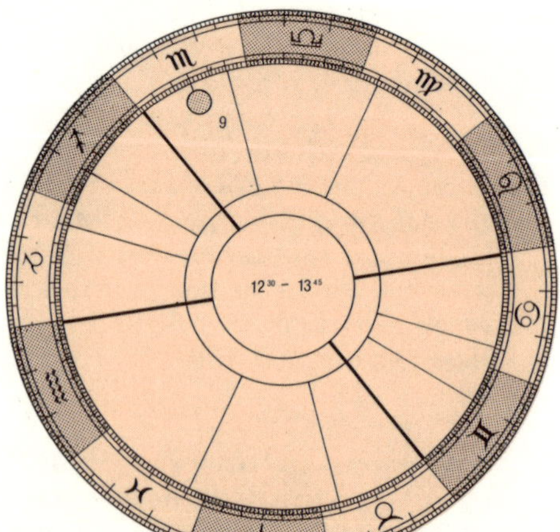

Planetenstundenrad, böhmische Buchillustration um 1500

Skorpion-Sonne Haus 9

Das Skorpion-Verhalten drängt die Anlagen zur Einsichts- und Verständnisfähigkeit für außerpersönliche Zusammenhänge. Also: Einsicht und das Erfassen außerpersönlicher Zusammenhänge (Weltanschauungen) und Lebensfunktionen anderer, vor allem deren struktureller Grundlagen.

Zur Verfügung stehen:

a) Anlage Aszendent Steinbock (siehe S. 98). Das sind Traditionen, überpersönliche Maßstäbe und Formen, der Formierungstrieb, die man (und durch die man sich) in Entwicklungen und Funktionen anderer wie auch in Denkimpulsen weltanschaulicher oder ideeller Art einsetzt.

b) Anlage Aszendent Wassermann (siehe S. 101). Das ist die Aufhebung von bisherigen Maßstäben und Grenzen, Unterschieden und Traditionen, um sich aus allgemeiner Abhängigkeit herauszuheben und zu befreien, die man (und durch die man sich) in Entwicklungen und Funktionen anderer wie auch in Denkimpulsen weltanschaulicher oder ideeller Art einsetzt.

10. Haus:

Von Einsichten und Eindrücken überschwemmt, ist die ›Zentrale‹ verwirrt. Also: der Drang nach Stabilisierung, Konzentration, Koordinierung. Das Maßstäbliche wird ›herausprogrammiert‹. Bei soviel überpersönlicher Einsicht muß dies über die eigene Person hinaus maßstäblich verbindlich sein. Die Bedeutung (oder geistige Unterscheidbarkeit), die erlangt wird, ist eine Art Fazit. Also: alle Anlagen, die geeignet sind, zum überpersönlichen Maßstab zu werden.

Mit allen Folgen des Denkens wird der Sektor verlassen, der sich Dualität und Begegnung bewußt macht.

Geburtszeit: etwa 10^{45}–12^{30}
Sonne Haus 10 – anfangs: Aszendent Schütze
später: Aszendent Steinbock

Aszendent

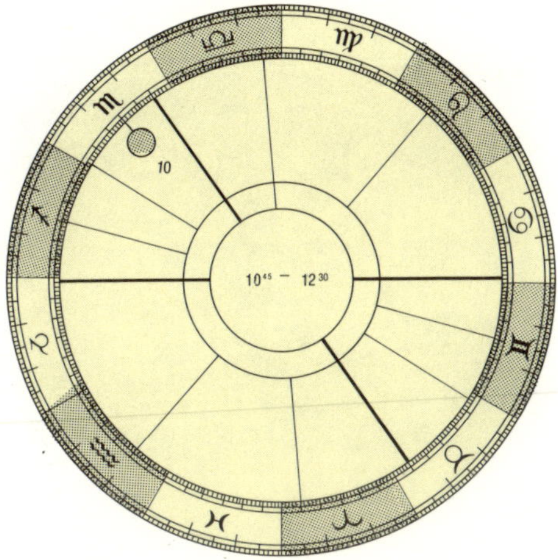

Beispiel:
Sonne Haus 10 mit Aszendent Steinbock: Papst Benedikt XV.

Skorpion-Sonne Haus 10

Das Skorpion-Verhalten drängt die Anlagen zu formaler Maßstäblichkeit. Also: Maßstäblich und verbindlich sein über sich selbst hinaus, geistig unterscheidbar werden, spezifisch in Denkimpulsen und ideellen Vorstellungen.

Zur Verfügung stehen:

a) Anlage Aszendent Schütze (siehe S. 96). Das ist die Einsicht und das Verständnis für außerpersönliche Bereiche und Belange, die Eindrucks-Suche, die man (und durch die man sich) in Maßstäblichkeit lebt, verbindlich macht. Leitbilder und ideelle Vorstellungen werden zum verbindlichen Maßstab.

b) Anlage Aszendent Steinbock (siehe S. 98). Das sind Traditionen, überpersönliche Maßstäbe und Formen, die man (und durch die man sich) in Maßstäblichkeit lebt, verbindlich macht. Leitbilder und ideelle Vorstellungen werden zum verbindlichen Maßstab.

Notizen zu Papst Benedikt XV.

Papst Benedikt XV. wurde am 21. November 1854 in Genua geboren. Seit 1883 enger Mitarbeiter im diplomatischen Dienst der Kurie, stellte er sich gegen die Kirchenpolitik Papst Pius X. Er wurde deshalb bei Ernennungen übergangen und erst 1914 Kardinal. Glänzende Begabung und hervorragende Schulung ließen ihn trotzdem zum Nachfolger Papst Pius X. werden.

Papst Benedikt XV. gelang es, das politische Ansehen und die Bedeutung des Papsttums zu fördern. Das geschah vor allem durch erfolgreiche Bemühungen, Kriegshärten des 1. Weltkriegs zu lindern, und durch erweiterte Aufnahme diplomatischer Beziehungen. In seine Amtszeit fällt die Veröffentlichung des Codex Juris Canonici, des Kirchenrechts.

11. Haus:

Solchermaßen überpersönlich ausgerichtet, ist man der Dualität enthoben. Man kann sich mit Einzelnem und allzu Subjektivem nicht mehr identifizieren, man kann Dualität seelisch nicht mehr verarbeiten. Zentren werden gemieden, Unterschiede neutralisiert, Grenzen aufgehoben. Also: alle Anlagen, die geeignet sind, sich aus dem Allgemeinen und aus den Zentren herauszuheben, sich zu lösen und zu befreien, sowie der Drang, dies auch zu tun. Unabhängigkeit von der Vernunft mit entsprechendem Ideenreichtum.

Geburtszeit: etwa 9^{30}–10^{45}
Sonne Haus 11 – anfangs: Aszendent Skorpion
später: Aszendent Schütze

Aszendent

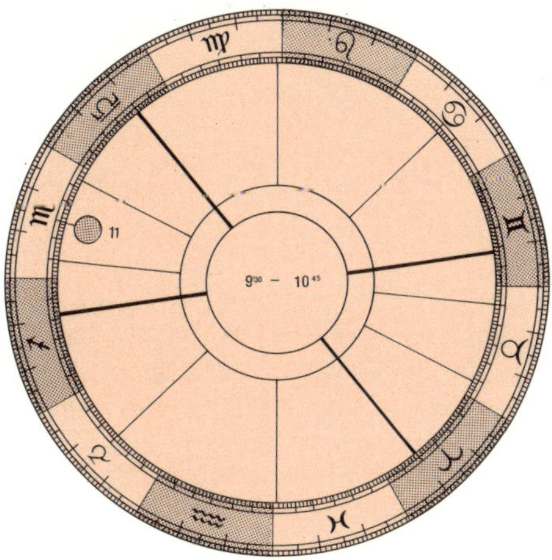

Skorpion-Sonne Haus 11

Das Skorpion-Verhalten drängt die Anlagen aus der Dualität, aus der Abhängigkeit von bisherigen Grenzen und Maßstäben heraus. Also: starke ideelle Impulse zur Aufhebung von bisherigen Maßstäben und Unterschieden. Man will sich aus bestehenden Maßstäben und Denkmodellen herausheben.

Zur Verfügung stehen:

a) Anlage Aszendent Skorpion (siehe S. 94). Gebundenheit an außerpersönliche Notwendigkeiten, Vorstellungsbilder und Strukturen (Leitlinien), die man (und durch die man sich) in starken ideellen bzw. denkerischen Impulsen, Vorstellungen und Leitbildern überpersönlich heraushebt und damit Unterschiede, bestehende Maßstäbe und Grenzen aufheben bzw. erweitern will.

b) Anlage Aszendent Schütze (siehe S. 96). Das ist die Einsicht und das Verständnis für außerpersönliche Bereiche und Belange, die Eindruckssuche, die man (und durch die man sich) in starken ideellen bzw. denkerischen Impulsen, Vorstellungen und Leitbildern überpersönlich heraushebt und damit Unterschiede, bestehende Maßstäbe und Grenzen aufheben bzw. erweitern will.

12. Haus:

Man hat sich von Zentren entfernt, die Peripherie der Dinge ›überflogen‹. Der Schritt aus der bewußten Anpassung an Bedingungen und Gegebenheiten in den Hintergrund ist vollzogen. Die Erlösung von der Vernunft öffnet den Hintergrund der Dinge. Also: alle Anlagen, die geeignet sind, Vordergründe aufzulösen und sich ihnen zu entziehen, die Hintergründe der Dinge zu erfassen und sich in ihnen zu verwirklichen. Aus Unabhängigkeit vom Allgemeinen ist man unbegriffen und nicht faßbar.

Astrolog in seiner Studierstube, Titelbild einer Bauernpraktik von 1512

Aszendent

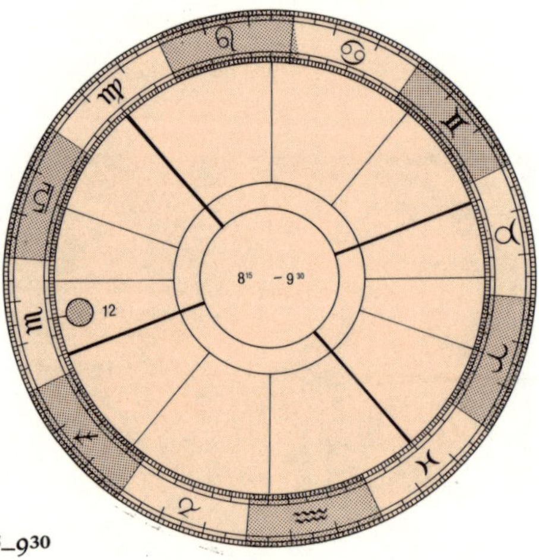

Geburtszeit: etwa 8^{15}–9^{30}
Sonne Haus 12 – anfangs: Aszendent Skorpion
später: Aszendent Schütze

Skorpion-Sonne Haus 12

Das Skorpion-Verhalten drängt die Anlagen zur Unabhängigkeit von Vordergründigem, zum Auflösen des Vordergrundes und zum Nachspüren indirekter Zusammenhänge. Also: Auflösung der bewußten Anpassung und Vernunft, Unabhängigkeit und Auflösung der Vordergründigkeit bei starker Leitbildhaftigkeit und Vorstellungsgebundenheit.

Zur Verfügung stehen:

a) Anlage Aszendent Skorpion (siehe S. 94). Gebundenheit an außerpersönliche Notwendigkeiten, Vorstellungsbilder und Strukturen (Leitlinien), die man (und durch die man sich) bei Auflösung der bewußten Anpassung und Vernunft im Aufspüren indirekter Zusammenhänge und Inhalte findet.

b) Anlage Aszendent Schütze (siehe S. 96). Das ist die Einsicht und das Verständnis für außerpersönliche Bereiche und Belange, die Eindruckssuche, die man (und durch die man sich) bei Auflösung der bewußten Anpassung und Vernunft im Aufspüren indirekter Zusammenhänge und Inhalte findet.

Wie errechne ich mein Aszendentenzeichen?

Der Aszendent ist dasjenige Tierkreiszeichen, das zum Zeitpunkt der Geburt am Ostpunkt des Horizonts aufsteigt. Die Grundlagen zur Berechnung des Aszendenten sind daher:
a) die Geburtszeit (bezogen auf den Geburtsort)
b) der Geburtsort

Um dem Laien einige Rechenoperationen zu ersparen, wurde die Berechnung mit Hilfe nachfolgender Tabellen vereinfacht. Rechenvorgang.

1. Sie korrigieren mit Hilfe der Tabelle 1 Ihre Geburtszeit, indem Sie den Minutenwert für Ihre Geburtsstadt addieren bzw. subtrahieren (je nach Vorzeichen). Sollten Sie Ihren Geburtsort in der Liste nicht finden, so genügt es, wenn Sie den Wert für die nächstgelegene Stadt verwenden.

2. Die nun ermittelte Geburtszeit suchen Sie in Tabelle 2a–d (Seite 109–112) in der senkrechten Spalte auf. In der waagrechten Leiste finden Sie Ihren Geburtstag. Im Schnittpunkt der sich ergebenden Linien liegt Ihr Aszendentenzeichen.

Sommerzeit
Außerdem ist es wichtig, für die Jahre, in denen die Sommerzeit galt, von der gegebenen Geburtszeit *eine Stunde abzuziehen.* Nachstehend die Daten der *deutschen und österreichischen* Sommerzeit.

Jahr	*Einführungs-datum*		*Ende der Sommerzeit*
1916	30. April	bis	1. Oktober
1917	16. April	bis	17. September
1918	15. April	bis	16. September
1940/42	1. April 1940	bis	2. November 1942
1943	29. März	bis	3. Oktober
1944	3. April	bis	7. Oktober
1945	2. April	bis	16. September
1046	14. April	bis	7. Oktober
1947	6. April	bis	5. Oktober (davon vom 11. Mai bis 29. Juni minus 2 Stunden)
1948	18. April	bis	3. Oktober
1949	10. April	bis	2. Oktober (Ostzone bis 18. November)
1980	6. April	bis	28. September
1981	29. März	bis	27. September
1982	28. März	bis	26. September
1983	27. März	bis	26. September
1984	25. März	bis	30. September
1985	31. März	bis	29. September
1986	30. März	bis	28. September
1987	29. März	bis	27. September
1988	27. März	bis	29. September
1989	26. März	bis	24. September
1990	25. März	bis	30. September
1991	31. März	bis	29. September
1992	29. März	bis	27. September

Tabelle 1

Aachen	−15 min.	Heidelberg	− 5 min.
Augsburg	+ 4 min.	Jena	+ 6 min.
Berlin	+14 min.	Kassel	− 2 min.
Bonn	−11 min.	Kiel	+ 1 min.
Braunschweig	+ 2 min.	Köln	−12 min.
Bremen	− 5 min.	Königsberg	+42 min.
Breslau	+28 min.	Konstanz	− 3 min.
Chemnitz	+12 min.	Leipzig	+10 min.
Danzig	+34 min.	Lübeck	+ 3 min.
Dresden	+15 min.	Magdeburg	+ 7 min.
Düsseldorf	−13 min.	Mainz	− 7 min.
Essen	−12 min.	Mannheim	− 6 min.
Frankfurt/M.	− 5 min.	München	+ 6 min.
Frankfurt/O.	+18 min.	Nürnberg	+ 4 min.
Freiburg i. B.	− 9 min.	Regensburg	+ 8 min.
Halle	+ 8 Min.	Saarbrücken	−12 min.
Hamburg	0 min.	Stuttgart	− 3 min.
Hannover	− 1 min.	Würzburg	0 min.

Tabelle 1a

Wichtige Städte in der Schweiz und in Österreich

Schweiz:		*Österreich:*	
Basel	−10 min.	Bregenz	− 1 min.
Bern	−10 min.	Graz	+22 min.
Brig	− 8 min.	Innsbruck	+ 6 min.
Chur	− 2 min.	Linz	+17 min.
Genf	−16 min.	Salzburg	+12 min.
Lausanne	−14 min.	Wien	+25 min.
Lugano	− 5 min.	Klagenfurt	+12 min.
Luzern	− 7 min.	Villach	+15 min.
Neuenburg	−13 min.		
Schaffhausen	− 6 min.		
St. Gallen	− 3 min.		
Zürich	− 6 min.		

Neuere Fassung eines altindianischen Sonnenzeichens

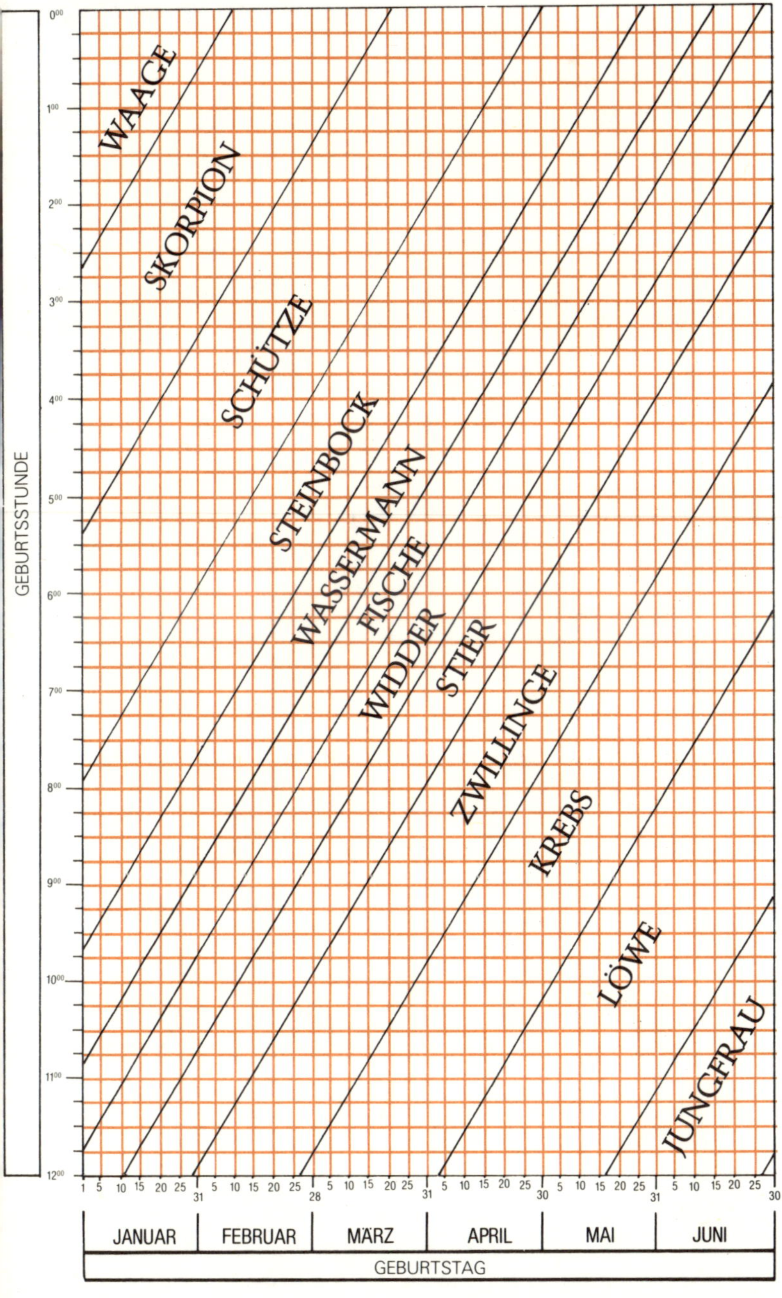

GEBURTSSTUNDE
0⁰⁰
1⁰⁰
2⁰⁰
3⁰⁰
4⁰⁰
5⁰⁰
6⁰⁰
7⁰⁰
8⁰⁰
9⁰⁰
10⁰⁰
11⁰⁰
12⁰⁰
WAAGE
SKORPION
SCHÜTZE
STEINBOCK
WASSERMANN
FISCHE
WIDDER
STIER
ZWILLINGE
KREBS
LÖWE
JUNGFRAU
JANUAR
FEBRUAR
MÄRZ
APRIL
MAI
JUNI
GEBURTSTAG

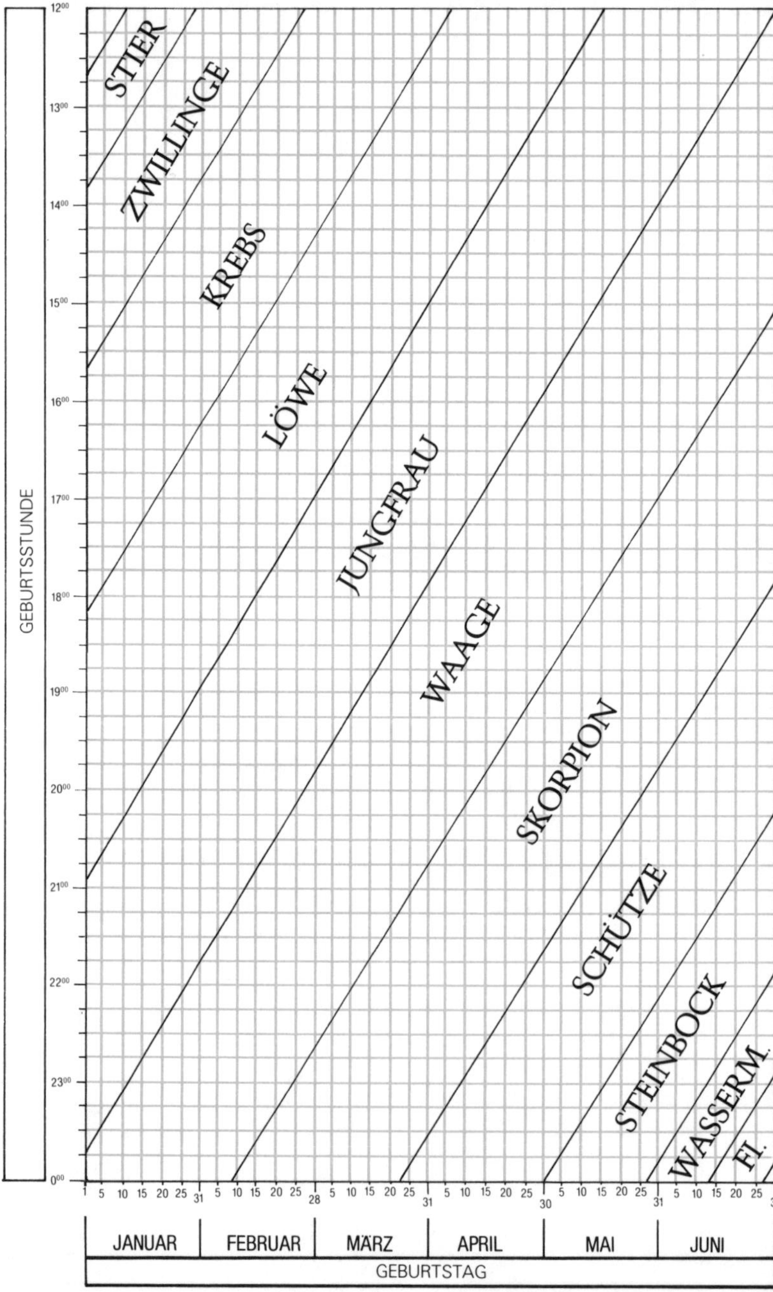
GEBURTSSTUNDE
12⁰⁰
13⁰⁰
14⁰⁰
15⁰⁰
16⁰⁰
17⁰⁰
18⁰⁰
19⁰⁰
20⁰⁰
21⁰⁰
22⁰⁰
23⁰⁰
0⁰⁰
STIER
ZWILLINGE
KREBS
LÖWE
JUNGFRAU
WAAGE
SKORPION
SCHÜTZE
STEINBOCK
WASSERM.
FI.
JANUAR
FEBRUAR
MÄRZ
APRIL
MAI
JUNI
GEBURTSTAG

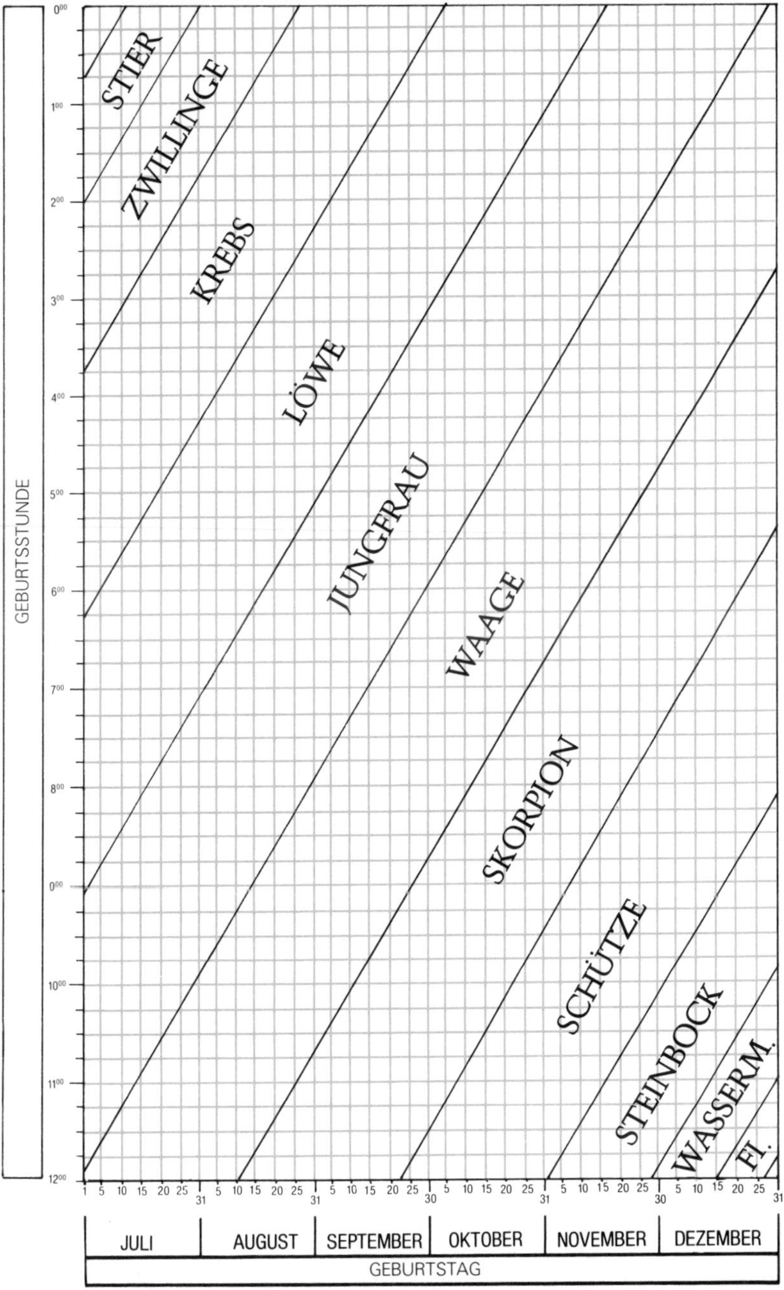
GEBURTSSTUNDE
STIER
ZWILLINGE
KREBS
LÖWE
JUNGFRAU
WAAGE
SKORPION
SCHÜTZE
STEINBOCK
WASSERM.
FI.
JULI
AUGUST
SEPTEMBER
OKTOBER
NOVEMBER
DEZEMBER
GEBURTSTAG

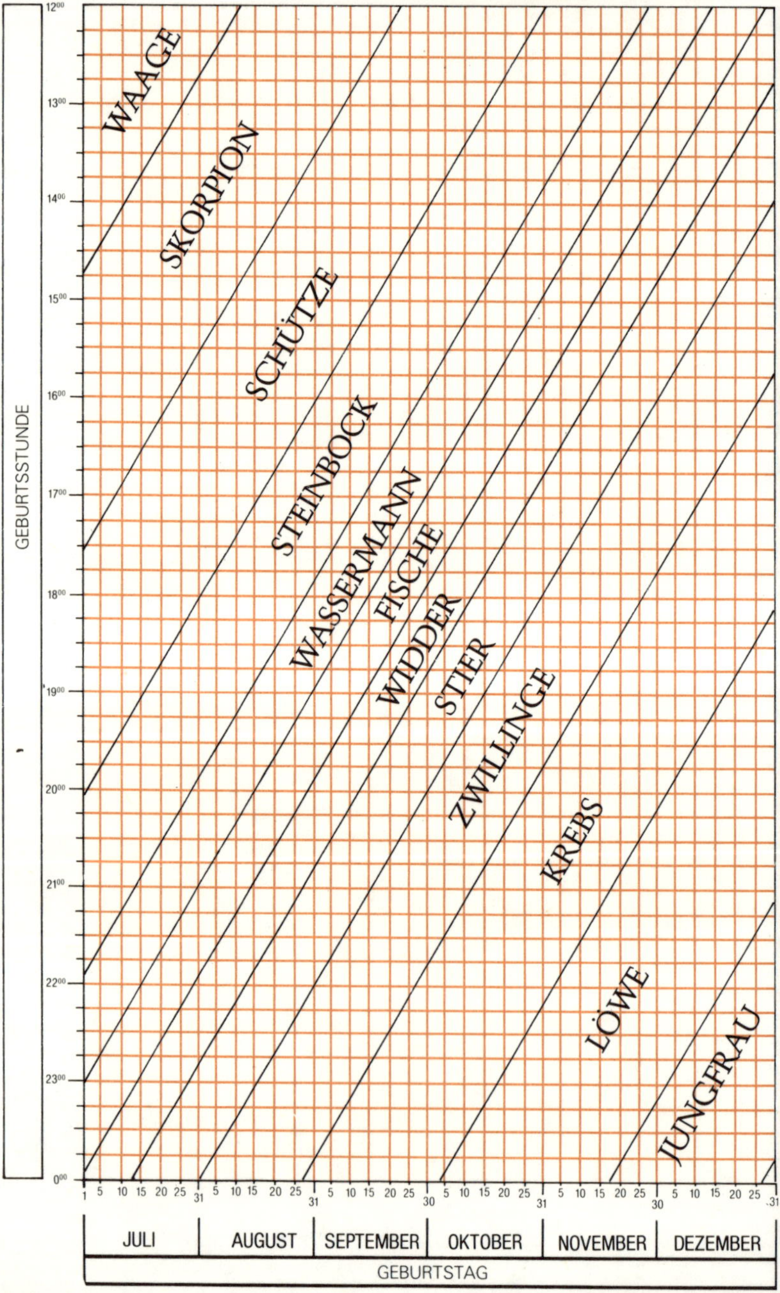

GEBURTSSTUNDE
12⁰⁰
13⁰⁰
14⁰⁰
15⁰⁰
16⁰⁰
17⁰⁰
18⁰⁰
19⁰⁰
20⁰⁰
21⁰⁰
22⁰⁰
23⁰⁰
0⁰⁰
WAAGE
SKORPION
SCHÜTZE
STEINBOCK
WASSERMANN
FISCHE
WIDDER
STIER
ZWILLINGE
KREBS
LÖWE
JUNGFRAU
JULI
AUGUST
SEPTEMBER
OKTOBER
NOVEMBER
DEZEMBER
GEBURTSTAG